Amar
o que é

OBJETIVA

Alix Kates Shulman

Amar o que é

UM CASAMENTO TRANSFORMADO

Tradução
Paula Berinson

OBJETIVA

EDITORA OBJETIVA LTDA. Rua Cosme Velho, 103
Rio de Janeiro – RJ – CEP: 22241-090
Tel.: (21) 2199-7824 – Fax: (21) 2199-7825
www.objetiva.com.br

Título original
To Love What Is: a Marriage Transformed

Capa
Glenda Rubinstein

Imagem de capa
Ghislain & Marie David de Lossy / Getty Images

Revisão
Rita Godoy
Lara Alves
Raquel Correa

Editoração eletrônica
Abreu's System Ltda.

CIP-BRASIL. CATALOGAÇÃO-NA-FONTE
SINDICATO NACIONAL DOS EDITORES DE LIVROS, RJ.

S565a

Shulman, Alix Kates
Amar o que é : um casamento transformado / Alix Kates Shulman; tradução: Paula Berinson. – Rio de Janeiro: Objetiva, 2010.

231p. ISBN 978-85-390-0060-9
Tradução de: *To love what is : a marriage transformed*

1. Amor. 2. Casamento. 3. Lesão cerebral – Pacientes – Estados Unidos – Biografia. I. Título.

10-1203 CDD: 152.41
CDU: 159.942

Para o meu querido

Então você está aí? Tonto ainda de mais uma fuga,
ralada, revogação?
Um só buraco na rede e você escapou?
Fiquei muda de surpresa.
Escuta,
Como o seu coração bate em mim.

— Wislawa Szymborska,
"Wszelki wypadek" (Qualquer evento)

Até a morte tudo é vida.

— Grace Paley

UM

O acidente

Em uma noite de verão sem lua meu marido caiu de uma altura de 3 metros — de um jirau onde dormíamos — no chão e não morreu.

Ele não morreu, embora tivesse 75 anos de idade e o acidente tivesse acontecido em uma remota cabana à beira--mar, inacessível por terra, em uma ilha costeira do estado do Maine, sem médico disponível e muito menos um hospital.

Não morreu, embora os raios X feitos muitas horas depois mostrassem que havia quebrado a maior parte das costelas e ambos os pés; perfurado os dois pulmões, o que provocou uma perigosa hemorragia interna; e teve tantos coágulos de sangue no cérebro que cada tomografia computadorizada deste precioso órgão parecia uma elaborada filigrana.

Não morreu, embora o marido de minha vizinha houvesse caído de uma árvore e morrido uma semana depois, e o pai de meu médico houvesse caído do telhado e morrido um dia depois.

Como se deu aquela queda quase fatal a que ele de alguma forma sobreviveu? Por que misteriosa combinação de erros e milagres? Ele não consegue se lembrar, e eu, por mais permanentes que os detalhes daquela noite estejam impressos em minha mente, ainda não posso entender a fundo.

Como qualquer um depois de certa idade, eu sentia que alguma coisa terrível estava para acontecer, ainda mais ameaçadora porque não sabia sob que forma iria se apresentar ou quando ocorreria ou se, no momento em que finalmente acontecesse, eu estaria à altura do desafio ou sucumbiria. Todo casal que vive junto tempo suficiente tem indícios de que uma catástrofe o aguarda; está lá, nos votos matrimoniais: *na alegria e na tristeza, na saúde e na doença, até que a morte nos separe*. Tendo feito o juramento, embora de maneira espontânea, você sabe que, a não ser que se separem, um de vocês irá acabar tomando conta do outro. Mas qual dos dois será, quando isso vai acontecer, quanto tempo vai durar e a que custo é uma incógnita, embora as probabilidades sejam de que *ela* tome conta *dele*, e *ele* vai morrer, deixando-a sozinha. Mas tal qual uma maldição em um conto de fadas, você não acredita realmente que venha a acontecer; tenta ignorar até que surja a sua frente. No encantamento da vida, você esquece.

Meio da noite, 22 de julho de 2004. Horas antes, tínhamos saído da grande ilha de Manhattan rumo à pequena ilha de Long, em Casco Bay, Maine, onde temos uma casa de veraneio. Carregamos duas mochilas e uma mala com rodinhas com algumas provisões básicas e tudo de que precisaríamos para alguns meses de trabalho: eu, meu laptop e o rascunho de um romance para burilar; Scott, planos para uma nova série de esculturas.

Depois de um dia inteiro de viagem de ônibus de Manhattan a Boston e de Boston a Portland, uma hora de viagem de balsa até a ilha, e com a nossa bagagem nas costas, uma caminhada de vinte minutos do ponto em que a estrada termina no oceano, atravessando uma longa praia até nossa casa, estávamos bem exaustos. Especialmente Scott, cuja resistência vem declinando há algum tempo.

Primeiro erro: ter tomado o ônibus em vez do avião.

Quando chegamos à ilha, já era fim de tarde. Nossos vizinhos e amigos mais próximos na ilha, Heather Lewis e Norm Fruchter, que, como nós, vivem em Nova York no inverno, vieram ao encontro de nosso barco no ancoradouro e nos conduziram de picape até sua casa, que fica no final da estrada em frente à longa praia que leva a nossa casa.

— Por que não voltam aqui e jantam conosco? Não vão querer cozinhar agora — Heather disse quando começamos a atravessar a praia com as nossas coisas. Eu não conseguia imaginar o que seria mais cansativo: improvisar uma refeição em casa ou caminhar de volta, pela praia, até a casa de Heather e Norm. Disse a ela que ligaria mais tarde e comunicaria.

À medida que Scott e eu começamos a desfazer as malas e a nos dedicar às tarefas necessárias para abrir nossa casa para o verão — ligar a pequena geladeira movida a propano; acionar a bomba para puxar água do tonel que armazena água da chuva debaixo do deck; checar as lamparinas a gás propano; varrer os excrementos deixados pelo ratinho do inverno; colocar um rolo de papel higiênico na latrina; e ligar o sistema solar que uso para carregar o laptop, a impressora e o celular no estúdio independente que Scott construiu para mim —, o convite de Heather tornou-se cada vez mais atrativo. Quando fizemos uma pausa dos trabalhos, liguei para ela do celular para dizer que estaríamos lá em uma hora; depois de lavar o rosto e as mãos e trocar de roupa, fizemos o caminho de volta, pela praia, até sua casa.

Segundo erro: em vez disso, deveríamos ter ficado em casa, comido pão com manteiga de amendoim e ido direto para a cama.

Comer a deliciosa lasanha de Heather, colocar em dia as fofocas da ilha, observar o céu tomado pela incandescência do pôr do sol enquanto bebericávamos vinho (terceiro erro: permitir que Scott bebesse meia taça, proibida porque não se podia misturar bebida com os seus medicamentos), eu poderia ter ficado horas sendo cuidada por Heather e me divertindo a sua mesa; foi uma transição perfeita entre a densa pulsação de Manhattan e nossa pacata vida na ilha. Durante a sobremesa, Scott se inclinou em minha direção e murmurou em meu ouvido que estava na hora de voltar para casa.

— Mas não acabamos de tomar o café — eu disse e voltei para ouvir o final de uma história engraçada.

Quarto erro: eu deveria ter prestado atenção ao sinal de aflição e saído imediatamente.

Ao menos mais 15 minutos se passaram antes que Scott, de forma atípica, se levantasse insistindo para que saíssemos de uma vez por todas, e finalmente entendi a mensagem.

Mal tínhamos começado a caminhar pela praia de volta à casa, quando ele começou a se queixar de fraqueza e frio — sentia tanto frio que de fato seus dentes batiam. Sugeri que voltássemos para a casa de nossos amigos, que, diferentemente da nossa, tinha todos os confortos e comodidades tradicionais e aceitássemos o convite permanente deles de passar a noite em sua casa. Um nevoeiro se aproximava e, embora estivéssemos em meados de julho, o ar estava frio. Por que prosseguir? Desde que ele sobrevivera a um aneurisma da aorta vários anos antes, eu me senti sua protetora, levando a sério cada estranho sintoma. Mas ele se recusou a voltar, mesmo após alguma insistência; então o peguei pelo braço e nos apressamos.

Quinto erro: eu deveria ter insistido para que voltássemos, em vez de atravessar a longa praia pela terceira vez naquele dia.

Quando chegamos à casa, estava escuro. No lugar de desarrumar as malas, decidimos ir para a cama imediatamente. Saímos de casa e caminhamos pelo atalho para além da casinha, com seu vaso sanitário rudimentar, em direção ao estúdio voltado para o nascente, onde sempre preferimos dormir para acordar com a visão arrebatadora do nascer do sol e o bater das ondas nas pedras. Como de hábito, subi antes dele os degraus íngremes do jirau em que dormíamos para acender uma lamparina a gás e iluminar sua subida. Depois da lâmpada acesa, Scott trancava as portas, apagava a lâmpada de baixo e me seguia. Íamos para a cama e conversávamos um pouco antes de apagar a luz. Este fora sempre o nosso prazer, falar sobre os destaques do dia. Esta noite, mal havíamos chegado, admiramos o estúdio que ele desenhara e construíra para mim 16 anos antes, com seu telhado proeminentemente inclinado, formando o teto alto do único quarto, suas janelas assimétricas, suas exuberantes tábuas de assoalho em mogno, de tamanho irregular, presentes de um amigo armador, que colocamos e envernizamos juntos, e depois jogamos nosso jogo especial: identificar animais e rostos, tão variados quanto as formas nas nuvens que passam nas saliências das tábuas de pinho, formando as paredes e o teto.

Sexto erro: sabendo o quanto ele estava cansado, deveria ter apagado a luz de uma vez e tê-lo deixado dormir.

Quando finalmente fechei os olhos, caí instantaneamente em um sono profundo. Profundo demais para perceber Scott se levantando da cama ou lembrar seu grito, embora eu deva tê-lo ouvido, porque...

De repente estou sentada totalmente ereta, cheia de adrenalina. Naquela noite densa, está escuro demais para ver o lugar vazio deixado atrás de mim, mas sinto sua ausência. "Scott?" O estúdio em que dormimos compõe-se de um único quarto abaixo do jirau que serve de dormitório. Se ele não responde, onde pode estar? "Scott? Scott!", talvez ele tenha saído para a parte externa da casa e não possa me ouvir chamá-lo. Mas, no íntimo, sei que a catástrofe aconteceu.

No alto de um penhasco que se projeta no oceano na margem da costa rochosa como uma pequena península — uma formação litorânea chamada de promontório —, o estúdio construído em pinho e vidro normalmente recebe luz da lua e brilho das estrelas mais do que suficientes para enxergar; em noites de tempestade, um relâmpago ilumina o promontório inteiro em todas as direções. Mas a essa hora da noite a lua tinha se escondido e o que quer que a luz ambiente pudesse normalmente iluminar estava obscurecido por um denso nevoeiro. Os lampiões a gás demoram um tempo para acender — encontrar um fósforo, acendê-lo; depois, com uma das mãos, manter uma distância exata da delicada proteção de fibra de vidro (mais próximo e a proteção se romperia) e com a outra mão acionar uma difícil válvula para deixar o propano se espalhar pela superfície da lâmpada. Desesperada por luz, eu, ao contrário, pego a lanterna que mantenho junto à cama e a aponto para a parede abaixo do jirau até o chão.

Lá está ele, caído no chão, dobrado sobre si mesmo como um feto. Nu e inerte como se estivesse morto.

Corro os degraus íngremes, gritando seu nome e depois o repito diretamente no ouvido dele.

Nenhuma resposta.

Isso não pode estar acontecendo. Não acredito que isso esteja acontecendo. Talvez não esteja. De repente, lembro do dia, há muitos anos, quando o estúdio estava sendo construído, em que entrei e vi Scott, com martelo e pregos, no topo de uma escada alta apoiada contra o jirau. Segundos depois, ele e a escada caíram para trás, em um grande arco, no chão. Estava de costas com a escada por cima. Embora aquela queda tenha sido quase da mesma altura que a desta noite, depois de um momento ele se levantou e se limpou, apenas assustado, com umas poucas escoriações e, no dia seguinte, uma dor nas costas.

Desta vez, está quieto e imóvel.

Mais luz! Coloco a lanterna no chão e acendo o lampião a gás mais próximo, depois me ajoelho ao seu lado. "Scott!", repeti, sacudindo seu ombro — primeiro suavemente, depois com menos delicadeza. Nenhuma resposta, nada. Será que está respirando? Prendo minha própria respiração para ouvir. Não sei dizer. Lembro do teste do espelho, mas não há espelho.

Seu corpo não está nem frio nem cinzento nem respingando sangue — pelo menos nada aparente —, tudo isso é bom sinal. Mas ele não responde. Recuso-me a acreditar — ou até mesmo a imaginar a possibilidade — de que esteja morto.

Minha culpa, minha culpa, minha culpa! Por não ter acordado quando ele acordou. Por não tê-lo vigiado mais de perto. Por não ter insistido para que colocasse uma grade mais alta no jirau. Por fracassar em convencê-lo a passar a noite na casa de Heather e Norm. Por pegar um ônibus em Nova York em vez de um avião. Por não ver a catástrofe se aproximando. Como pude deixar isso acontecer?

De alguma forma consigo encontrar meu celular e ligo para 911.

Estranhamente, esta noite, durante o jantar, nossos vizinhos nos contaram fofocas divertidas sobre a luta dentro da equipe de resgate de emergência da ilha, parte do Corpo de Bombeiros Voluntários de Long Island. Depois das histórias, me ocorreu perguntar para que número ligar em caso de emergência. Fiquei surpresa ao saber que agora era 911, em vez de um número qualquer de telefone da ilha, como costumava ser. Outra estranha coincidência: na cama, antes de apagarmos a luz, falamos sobre ossos quebrados. Perguntei a Scott, que já fora um atleta de destaque, com sua cota de membros fraturados, se havia nervos em ossos para fazê-los doer. Ele achava que o que machuca é o tecido adjacente, mas não os próprios ossos. No dia seguinte, rememorando essas coincidências sob o terror de minha culpa, imagino se elas não poderiam ser usadas como evidência de que eu o derrubara.

Depois que descrevi o acidente para o operador do 911, ele pergunta se Scott está inconsciente.

— Não sei. Ele não se mexeu nem falou.

— Está respirando?

— Não sei — mais uma vez admito, me sentindo estúpida.

Então de repente Scott emite um som — um balbucio sem sentido, como uma fala distorcida debaixo d'água, discurso apoplético.

Primeiro milagre: ele está vivo!

No momento em que estou reproduzindo esta notícia milagrosa, eu o ouço dizer, bem fraquinho:

— Me vire de costas.

Não apenas vivo, mas também falando!

Com alegria, repito suas palavras no telefone e meus piores medos se esvanecem na bruma.

— Não o mova — ordena o operador. — É perigoso movê-lo até que um médico chegue e preste atendimento.

Nem bem um medo desaparece, outro corre para preencher o vazio. Vivo, coerente, mas em que condições? E como ele será resgatado?

— Pode por favor me dar seu endereço?

Eis um problema. Nosso endereço oficial para correspondência equivale a uma caixa de correio em frente à casa de Heather e Norm no final da estrada mais próxima, a vinte minutos de caminhada pela praia. Inútil guiar alguém até nós. Tento explicar a dificuldade, mas em vão. Por que nunca me preparei para essa pergunta crucial? Nessa troca de perguntas e respostas, perdemos momentos preciosos, até que abandono o conceito de endereço e digo ao operador que estamos em Long Island, Casco Bay, a vinte minutos de onde termina a estrada para South Beach, em uma ponta de terra que se projeta da intersecção entre South

Beach e Singing Sands Beach. A ponta de terra é chamada, na carta náutica, de promontório Andrews. Supondo que ele mande um helicóptero pousar na praia, imagino que perderemos mais alguns minutos enquanto localiza uma carta náutica.

— Temos duas estruturas — aviso —, a casa e o estúdio. Três, se vocês contarem com a parte externa da casa entre as duas. Estamos agora no estúdio, a estrutura mais afastada de Singing Sands Beach. É a única que vai estar com as luzes acesas. — Eu o aviso da escada íngreme e bamba da praia, do deck sem proteção, da noite escura como breu.

— Qual o nome do seu marido?

— Scott York.

— Idade?

— 75.

— Ok. Agora, não vá embora. Vou fazer uma chamada de emergência. O que quer que você faça, não mova seu marido até que alguém chegue. Pode demorar um pouquinho, portanto espere aí. Não desligue.

Por duas décadas, todo o verão, vim a esta ilha sozinha, apaixonada pela solidão: minha única conexão com o mundo exterior eram os telefonemas semanais dados do único telefone pago da ilha perto da doca ou antiquadas cartas escritas a mão. O próximo milagre nesta noite de erros: o telefone não perdeu, uma única vez, o sinal, que é sempre difícil e sempre cai nesta distante cabana. É quase um milagre por alguma razão eu estar com um celular, comprado somente depois que comecei a me preocupar com Scott, sozinho, em Nova York.

Enquanto aguardo o resgate, acendo as três lamparinas a gás de baixo, depois corro de volta para cima, pego meu relógio (passa das duas) e jogo um travesseiro e um saco de dormir para cobrir Scott.

— Me vire de costas, por favor, está me matando.

— Não posso — digo, enfiando o saco em torno dele, cuidadosamente. — Não estou autorizada a movê-lo até que um médico chegue. Você não deve se mexer. Sinto muito. — Ele implorava repetidas vezes para que eu o virasse. Como posso continuar a recusar isso? À medida que cuidadosamente deslizo o travesseiro sob sua cabeça, sou marcada pela culpa por me recusar a satisfazer seu desejo — a primeira de muitas recusas aparentemente cruéis e ordens tirânicas de mim para ele nos meses seguintes.

Finalmente, o operador do 911 volta à linha para reportar que enviou o alarme máximo, o mais grave, um número 10.

Estou perplexa. Scott está falando bem e não vejo qualquer sangue.

— Por que um número 10?

— Um homem idoso cai de uma altura de 3 metros e perde a consciência? É um número 10 no mínimo.

Idoso? A palavra me pega de surpresa. Ela se aplica aos pais de alguém, não ao marido de alguém. Quando nossos filhos demonstravam que nos consideravam velhos, nós negávamos ou ríamos. Scott, por quem me apaixonei quando ele tinha 20 anos e eu, 17, para mim é atemporal, não idoso. Talvez seja esse o motivo por que nos apaixonamos uma segunda vez, depois de 34 anos afastados: aos olhos de cada um, ainda nos mantínhamos os (até então míticos) jovens que éramos em 1950, o verão de nosso primeiro romance.

A ciência estabeleceu firmemente que a memória é instável e não muito confiável, que sempre que você evoca uma memória do passado está sujeito a mudá-la um pouco até que, com a passagem do tempo, ela pode não mais representar o que realmente aconteceu. No entanto, ainda posso ver com o olho da minha mente, como se fosse ontem, o Scott York de 20 anos, louro, de olhos azuis e fabuloso, sentado no centro do anfiteatro de biologia enquanto eu, de pé, do alto, examinava a sala em meu primeiro dia de faculdade. Desse momento em diante, coloquei meus olhos nele e não tirei mais. Aos 17 anos e recém-chegada da escola do ensino médio de Cleveland Heights, eu não estava mais sujeita à regra segundo a qual judeus e gentios estavam proibidos de namorar — uma restrição tão rigorosamente reforçada que até a minha trigésima quinta reunião do científico, realizada em um clube de campo em que a sala de baile estava dividida pela pista de dança em duas alas separadas, os judeus ocupavam as mesas de um lado, e os gentios as do outro lado, como apenas Scott e eu notamos.

Por muito tempo ele figurou nas minhas fantasias. Quando eu era caloura em Heights, ele era aluno do último ano da faculdade — capitão do time de basquete, presidente de sua fraternidade (gentio) e vice-presidente do grêmio. Nos jogos a que fui para torcer por meu próprio namorado (judeu), era Scott que eu via. Com 1,80 metro de altura, volumosos cabelos louros, traços esculturais e ombros e coxas musculosos, ele era um fenômeno de beleza, apesar do suor manchando seu jérsei ou da falta ocasional que cometia com o cotovelo bem posicionado. Seus saltos espetaculares para marcar o ponto, seus tiros de longo alcance certeiros, dados de distâncias impossíveis, e seus mergulhos para recuperar a bola fizeram dele o maior pontuador: seu retrato estava quase sempre no jornal da escola e, durante as finais dos campeonatos, até mesmo no jornal de Cleveland, *Plain Dealer.* Ele tinha a velocidade e a graça de um antílope — não apenas na quadra, mas também na pista de dança, onde ele e sua namorada Nancy estavam entre os casais que dançavam música lenta e jitterbug, e as pessoas formavam círculos em volta para assisti-los.

Agora lá estava ele no curso de verão, três anos depois de ter se formado pela universidade de Duke, frequentando a mesma aula de botânica que eu — e com um longo verão a nossa frente. As aulas aconteceriam das nove ao meio-dia, todas as semanas, pelas próximas seis semanas; muita coisa poderia acontecer em seis semanas. Eu não tinha qualquer ilusão de que ele, que saíra da escola do ensino médio um semestre depois de eu ter entrado, pudesse se lembrar de mim. Contudo, sentindo-me meio predadora e ousada, desci a escada íngreme e me sentei ao seu lado.

O prédio de biologia (agora destruído) foi construído no começo do século passado, com teto alto, janelas altas, chão de madeira escura e velhas cadeiras em carvalho fora de moda que viravam carteiras quando você rodava o pesado braço — uma manobra complicada. Graciosamente, Scott me ajudou a abrir o braço de minha cadeira. Coloquei os livros sobre a carteira e deslizei meu cardigã sobre as costas do assento antes de relampejar meu sorriso mais sedutor e de me apresentar. Não pude saber se o havia impressionado até dois dias depois, quando, chegando à aula depois de mim, examinou os rostos na sala e então se dirigiu diretamente ao lugar vazio do meu lado.

Scott era aluno do curso preparatório de medicina em Duke, com uma bolsa de estudos de quatro anos por jogar basquete no time da universidade, e aproveitava o verão em casa para ganhar dinheiro e conseguir os créditos extras de ciência de que precisava para se formar no ano seguinte. A maioria dos atletas que conheci foi para uma das faculdades estaduais e cursou administração de empresas, não uma especialização difícil como o curso preparatório de medicina. Eu estava impressionada. Mas eu também me tornara mais séria desde a última vez em que o vi. Outrora fissurada por garotos, cheia de compromissos sociais, no último ano de escola me isolei em um casulo que eu mesma construí e daí emergi uma apaixonada caçadora de conhecimentos, que, no último ano, começou a desdenhar as limitações de nossas mentes adolescentes tacanhas. À medida que me tornei absorvida pelos livros, minha mente se expandiu. Talvez depois de três anos de faculdade o mesmo tivesse acontecido com Scott. Entre hambúrgueres e batatas fritas na cantina do campus, tentei atraí-lo, mas, tanto quanto eu obstinadamente lhe fazia as minhas perguntas, ele estava determinado a rechaçá-las, preservando assim seu mistério.

Mesmo se eu tivesse êxito, o que podemos conhecer acerca de outra alma — especialmente aos 17 anos, quando as redes sociais e neurais são mais potenciais do que exatas? A ideia que fazíamos um do outro se baseava nos preconceitos mais frágeis, o que nos preparou a ambos para algumas surpresas. Não que eu me surpreendesse pelo fato de que ele fosse um inocente em se tratando de garotas — fato bastante comum em garotos que, na maior parte da vida, pensavam em pouca coisa além de esportes, tendo que lidar com garotas que em geral pensavam em pouca coisa além de garotos. Praticante orgulhosa dos artifícios femininos como o executado em Cleveland Heights, Ohio, dei as boas-vindas a essa ingenuidade social pela vantagem que me dava contra essa diferença de três anos. Mas sua reticência, sua modéstia, e até mesmo a falta de uma postura de macho, me surpreenderam em um atleta. Na cultura de atletas de nossa escola do nível secundário, os atletas que conheci eram, na maior parte, tão cheios de si que achavam que poderiam escapar impunes de qualquer coisa, de trapaças na sala de aula a estupro; e embora a maioria jamais tenha chegado a um nível tão baixo, até mesmo os melhores eram vaidosos e arrogantes. Scott parecia diferente. Apesar de sua boa aparência, era tímido, sério e humilde, com uma doçura própria que me desconcertou.

Ele, por sua vez, se surpreendeu com o fato de eu ser o que ele chamava de "crânio". Nunca havia tido uma namorada que gostasse de ler. Ele conhecia suficientemente bem um microscópio — tanto que conseguiu me levar para ver algumas células flutuando em uma lâmina —, mas duvidava que tivesse lido mais de meia dúzia de livros não obrigatórios em toda a sua vida. Ele me perguntava sobre os livros dos quais eu gostava e algumas vezes anotava os títulos (meio século depois, arrumando seu estúdio para a mudança, encontrei entre seus pertences um pequeno caderno daquele verão, com uma lista de autores que eu havia sugerido — Mencken, Emerson, Voltaire e as primeiras ficções de Capote e Isherwood). Evidentemente, eu era tão exótica para ele quanto ele o era para mim.

Na sexta-feira da segunda semana de aula, nossa turma foi fazer uma expedição ao Holden Arboretum de Cleveland. Ali, pela primeira vez, Scott e eu fizemos uma manobra para ficarmos uns minutos sozinhos. Estava garoando quando saímos do estacionamento para a trilha, o que permitiu nos abrigarmos, de braços dados, sob um único guarda-chuva. Caminhando devagar com o pretexto de colher folhas, ficamos para trás da turma até que nos vimos sozinhos, rodeados apenas pelas árvores. Scott parou debaixo da cobertura de uma espécie de castanheira, com suas folhas largas como mãos esparramadas em uma bênção; então ele me pegou em seus braços e me beijou. Diferentemente de outros beijos que eu conheci, este pareceu tão casto quanto ardente. Lá estávamos nós, parados na chuva, até que Scott se afastou, murmurando uma apologia. Por quê? Pela minha idade? Será que ele me achava uma inocente (como ele)? Talvez uma virgem?

O tempo estava passando; eu tinha de corrigir imediatamente o erro, fazê-lo perceber que eu não era uma principiante qualquer.

Uma grande pancada, e a porta do estúdio se abre com estrondo.

Outro milagre — é Greg Middleton, o arborista da ilha. "Greg!", exclamo exultante. Que alívio saber que o primeiro membro da equipe de resgate a chegar não é nenhum estranho descendo de um helicóptero, mas um amigo. Nunca fiquei tão feliz em ver alguém. Quero me jogar aos seus pés, colocar as nossas vidas nas mãos dele.

Com a ajuda de um poderoso archote, ele vasculha ao redor do estúdio; em seguida, se apressa na direção de Scott e se agacha ao seu lado. "Como vai, companheiro?", pergunta, suavemente. Afasta-se para reportar sua chegada, em um grande rádio semelhante a uma caixa.

— Como foi que você ficou sabendo?

— O rádio me acordou. Assim que ouvi o operador dizer Singing Sands Beach, sabia que só podiam ser vocês. Calcei as botas e saí às pressas.

— Você dorme com o rádio ligado?

— Quando estou de serviço, é claro que sim — ergue os olhos para o jirau em que dormimos. — Ele caiu lá de cima? Uau! O que aconteceu?

Antes que eu possa responder, outras pancadas na porta e mais três homens entram no quarto, sem fôlego, cheios de energia, enchendo o pequeno estúdio com seu profuso vigor masculino e a estática chiada de seus rádios. De todos os cantos da ilha, um a um, os heroicos bombeiros de Long Island e a equipe de resgate irrompem pela porta, depois fazem um relatório, via rádio, ao chefe do corpo de bombeiros. A equipe inclui vários pescadores de lagosta, um carpinteiro, o construtor que instalou nosso aquecedor solar, o medidor de gás da ilha e um plantonista de hospital que com frequência viaja para Portland a trabalho. O último a chegar é Tim Lambert, o paramédico. Assumindo o controle, Tim se ajoelha ao lado de Scott, enquanto o resto dos homens se debruça em torno dele em um círculo fechado que me exclui, e me pede uma lista com as medicações de Scott.

Por que nunca fiz uma lista como essa? (Hoje mantenho uma na carteira de cada um de nós e em vários lugares no nosso loft.) Pego as pílulas, mas, antes que eu comece a escrever, vejo uma maca sendo preparada. Com medo de ser deixada para trás, rapidamente recolho as coisas de Scott — sua carteira, remédios, roupas, sapatos, óculos — e, juntamente com uma lanterna e meu celular, jogo-as em minha mochila parcialmente arrumada. Tudo está acontecendo tão rápido! Estou descalça quando os homens saem pela porta com Scott na maca. Freneticamente, tateio para calçar os tênis. Greg fica para trás para me ajudar a fechar o estúdio e com seu potente archote me conduz de volta através dos decks, desce as escadas bambas e atravessa o estreito atalho de Singing Sands Beach a South Beach, mais extensa, onde os perigos da maré alta esperam por nós.

Geralmente, a praia é extensa e firme o bastante para que se possa atravessá-la, mas na maré alta ela encolhe até ficar do tamanho de uma faixa cheia de fragmentos traiçoeiros, incluindo madeira flutuante, pedras, corda e plástico — estreita demais para uma maca e seus carregadores. Contudo — outro milagre —, de alguma forma os homens conseguem transportar a maca, se revezando ao longo da extensa praia sem tropeçar, embora seja quase impossível enxergar o terreno por causa do denso nevoeiro. Corro atrás deles, tentando acompanhá-los, temerosa de ser deixada para trás como supérflua ou coisa pior.

Finalmente chegamos ao final da praia, onde a estrada começa, em frente à casa de Heather e Norm, e a ambulância da ilha nos espera. Ergo os olhos. As janelas estão escuras, a casa está silenciosa. Será verdade que há apenas poucas horas estávamos sentados nesta varanda, rindo durante o jantar, despreocupados e confiantes? Observo, através de um pano de fundo, este mundo distante onde a vida prossegue durante dias e noites, não minuto após temeroso minuto; ocorre-me que deixamos para trás este mundo calmo e despreocupado definitivamente.

Mas não há tempo para pensar. Os homens já estão transferindo Scott de uma maca para outra e o suspendem até a ambulância. Alguém me leva até a cabine da ambulância, onde posso ir ao lado do motorista. Outra pessoa lança a sacola sobre meu colo e logo partimos, acelerando ao longo da ilha através do nevoeiro, em frente às docas, onde o barco do corpo de bombeiros de Portland, equipado para servir de ambulância, nos aguarda. No nevoeiro, só consigo perceber Dickey Clarke, chefe dos bombeiros — cuja tarefa diária é administrar o depósito de lixo —, de pé no cais dirigindo o resgate pelo rádio e pelo megafone. Apesar da hora, algumas das mulheres da ilha também se levantaram para prestar socorro; Robin, que faz parte da equipe de resgate, me deseja sorte enquanto Scott é conduzido para o barco.

Agora, levantamos âncora e partimos para o mar. A ilha fica para trás, nossos amigos somem. Ao vê-los desaparecer, sinto uma irresistível onda de gratidão por esses heroicos homens e mulheres que apareceram no meio da noite para salvar meu marido. Sem eles, como eu seria capaz de protegê-lo de mais danos?

Na cabine da ambulância, a maca é fixada ao solo. Um médico coloca uma máscara de oxigênio sobre a boca e o nariz de Scott. Finalmente posso ver seus pálidos olhos azuis, estudar o seu belo rosto. Que mudou; irradia menos luz. Ele está tentando dizer alguma coisa, mas por trás da máscara suas palavras estão abafadas demais para serem compreendidas. Tudo o que posso fazer é acariciar sua fronte e tentar assegurar-lhe que as coisas estão sob controle e que tudo vai ficar bem.

— Quanto tempo até chegarmos a Portland? — pergunto ao médico.

— Talvez vinte, 25 minutos — diz, de uma viagem que, de balsa, normalmente levaria 45 minutos, incluindo as paradas. Checo o relógio. Quase quatro da manhã — duas horas desde que o universo virou de cabeça para baixo. Em silêncio, exorto o barco a ir ainda mais rápido.

Mais de meio século antes, ao final de nossa segunda semana do curso de verão, Scott finalmente marcou um genuíno encontro comigo. Foi me buscar em seu Ford azul de segunda mão e nos levou ao Sea Fare Lounge, um bar esfumaçado em que se serviam coquetéis, com piano ao vivo e banquetas de couro, no ponto mais alto de Cleveland Heights, a meio caminho entre a descida da alta montanha e a cidade — mais sofisticado do que os pontos de encontro do ensino médio a que eu estava acostumada. Em um palco exatamente na entrada, uma morena esquelética, cigarro pendurado nos lábios, tocou canções de musicais em um pianino e acenou para Scott logo que entramos. Quando ele me falou que era uma colega de classe, me senti intimidada e enciumada. Poderia ser ela a razão de termos vindo aqui?

Deslizamos pelas banquetas de uma mesa no bar e pedimos coquetéis de camarão com molho *golf* e martínis. Embora Scott se sentasse com as costas para a pianista, me dando toda sua atenção, fiquei ressentida quando ela lhe dedicou uma canção. Para mim, era inimaginável que uma garota de Heights High pudesse ter ou tivesse um emprego tocando música em um bar que servia coquetéis. Embora eu fosse mais bonita, ela tinha pelo menos 20 anos e era muito mais bem-sucedida. Que cartas eu tinha para jogar? ("Não se iluda, você tinha muitas cartas", Scott me disse décadas mais tarde, quando li para ele essa passagem isolada na tela de meu computador.)

Depois do segundo martíni, joguei a carta do sexo, meu único trunfo, e alegremente o desafiei a nos achar uma cama em que pudéssemos fazer amor. Nada de bancos de trás para nós! Disse isso com suficiente coragem irreverente para que ele pudesse rejeitá-lo como uma brincadeira se o quisesse, embora eu já tivesse deixado claro que desdenhava a modéstia e me considerasse desvinculada das convenções de Heights High.

Ele nada disse, apenas se debruçou para acender meu cigarro — um Chesterfield, marca que minha mãe fumava —, embora ele mesmo, como meu honrado pai, não fosse um fumante. Estaria ele chocado com o meu convite? Quando me levou para casa e castamente me deu um beijo de boa-noite no terraço da frente, foi como se não tivesse ouvido meu desafio. Então me surpreendi quando, no outro encontro do sábado à noite, ao invés de me levar para dançar ou me trazer para casa, prosseguiu pela ponte que atravessava o rio Cuyahoga para o bairro West Side de Cleveland, onde nenhum de nós conhecia uma alma, e virou na entrada de um motel.

Um motel! Nos filmes, motéis eram lugares onde mulheres sedutoras e decaídas e amantes casados amaldiçoados começam a se arriscar.

— Espere aqui — ele disse, saindo do carro e se dirigindo à recepção.

Vergonha e alegria lutavam dentro de mim enquanto eu esperava. Relação sexual em motel era tida como sórdida, baixa, degradante. Mas eu estava aliviada pelo fato de que *isso* finalmente fosse acontecer e empolgada porque, a despeito de sua timidez inibidora, cavalheiro como era, ele aceitara meu desafio. Vendo-o voltar para o carro balançando a chave de um quarto, minha admiração por ele cresceu.

Em 1984, quando ele finalmente reapareceu em minha vida, depois de 34 anos de intervalo, Scott me surpreendeu ao relembrar o nome e o endereço do motel, completo, inclusive com o número de nosso quarto (26). Lembro que, apesar de todo o meu orgulho, gastamos uma boa meia hora sentados na cama, conversando, antes de tirarmos as roupas. Na medida em que agora, em 2005, tentamos reconstruir nossos primeiros tempos de namoro, a passagem de mais de meio século deixou poucas imagens claras ou em toda a sua plenitude. Para mim, a disposição do quarto, o aroma dos cobertores de lã, mesmo no verão, o tique-taque do relógio Big Ben sobre a mesa de cabeceira e, com mais nitidez, seu bíceps rijo e macio pressionado contra minha face enquanto fazíamos amor e, depois, os lençóis ensopados com o seu suor ("Era verão, o que você esperava?", protesta na defensiva quando leio para ele esta passagem); para ele, o choque ao ver minha púbis, quando saí nua do banheiro. Quando o interrogo e o testo mais, nada acontece; ele não consegue se lembrar de nada além do que me disse antes. Não pode ser só consequência do dano ao seu cérebro, porque eu, que antes me orgulhava de minha memória para detalhes, guardo dessa época distante apenas as poucas imagens que registrei aqui, das quais tento avaliar o que nosso caso significou para mim, para nós, o que realmente aconteceu.

Naquele verão, embora conseguíssemos várias transas rápidas no carro, nunca voltamos ao motel ou a fazer amor em uma cama. Nem falamos do sexo de que compartilhamos, embora, terminado o curso de botânica, ambos tenhamos nos inscrito no de zoologia, tendo seis semanas de aulas a mais juntos, sem contar as tardes dos fins de semana na garagem de meus pais, dissecando o sapo que roubamos do laboratório a fim de estudar para as provas finais, e as noites corriqueiras de sábado. O que nos impedia de voltar novamente? Vergonha? O risco de sermos apanhados? A despesa? Talvez fosse meu entendimento secreto de que, apesar de o romance ser sério, o sexo, como a maior parte das relações sexuais entre as pessoas inexperientes, não valia os riscos. Como qualquer garota do Heights High de 1950, temi me empolgar e perder o controle, o que poderia levar, naqueles anos antes da pílula anticoncepcional, à gravidez, à exposição ao risco, à destruição. Quanto a ele, se sentia culpa apenas por me beijar, quanto mais não sentiria por fazer sexo comigo? Tendo demonstrado um ao outro nossa ousadia e audácia, talvez a prudência nos tenha induzido a não tentar enquanto não estivéssemos prontos.

DOIS

O hospital

Na sala de emergência do Maine Medical Center, a maca de Scott desaparece por portas vaivém sem vidro e eu sou conduzida a uma pequena sala de espera situada em frente, iluminada por uma lâmpada fluorescente e equipada com telefones, canetas, blocos e caixas de lenços de papel. Ao menos estou livre para chorar. Uma vez que as lágrimas começam a cair, não posso contê-las. Perturbada demais para sentar, caminho de um lado para outro na saleta, fazendo bolinhas com os lenços de papel. Embora tenha feito da solidão um fetiche, orgulhando-me de minha capacidade de produzir por meses, sozinha no promontório, sem telefone, luz ou companhia, nunca me senti tão sozinha e com tanto medo.

Finalmente, o dr. Cushing entra na sala e fecha a porta atrás de si. Com um forte sotaque de Boston, reminiscente de John Kennedy, ele se apresenta como chefe da unidade de traumatologia. Relata que, após um exame preliminar, parece que Scott perdeu muito sangue por causa de uma hemorragia interna, mas, em sua opinião, há uma grande chance de ele sobreviver.

Essa notícia é tão chocante que desabo em uma cadeira. Desde que a equipe de resgate chegou, nunca encarei a possibilidade de que ele pudesse não sobreviver.

— Está me dizendo que ele pode morrer?

— Nesse momento, não podemos afirmar. Mas vamos dar o melhor de nós para que ele sobreviva.

Perco o chão. Sinto-me enjoada e fraca. À medida que ouço os detalhes das terríveis condições de Scott — seus pulmões perfurados, seus ossos quebrados e a hemorragia em seu cérebro —, a gravidade de um número 10 começa a se mostrar.

Talvez este dr. Cushing, que, apesar da postura autoritária, não pode ter mais de 40 anos, não saiba do que está falando.

— O sr. York tem alguma instrução prévia, instrumento legal, autorizando sua morte em caso de doença irreversível, uma procuração para decisões sobre sua saúde, mandato? — ele pergunta. Faço que sim com a cabeça.

— Ótimo — diz em sinal de aprovação, levantando-se. — Pode vê-lo agora.

Ele me conduz para fora da saleta até as portas vaivém na unidade de traumatologia, na qual Scott está deitado em uma maca, completamente alerta, conversando com as enfermeiras. "Oi, querida", me diz, como se eu tivesse acabado de chegar das compras.

O dr. Cushing se aproxima dele. Com todo mundo no quarto servindo de testemunha — vários médicos, quatro ou cinco enfermeiras e outros membros da equipe —, ele diz:

— Sr. York, a tomografia computadorizada indica que o senhor tem coágulos de sangue no cérebro. Não sabemos a extensão do dano, mas se ficar provado que o senhor não será capaz de tornar a ter uma vida independente, gostaria que tentássemos mantê-lo vivo?

Scott reflete por apenas um momento antes de responder:

— Não, acho que não. — E depois, com firmeza: — Não.

São estas as palavras que se repetirão várias e várias vezes em minha mente nos próximos meses e anos: *se ficar provado que o senhor não será capaz de tornar a ter uma vida independente, gostaria que tentássemos mantê-lo vivo?* E a inequívoca resposta: *Não, acho que não. Não.*

Mas, nesse momento, o que sinto é orgulho desse homem de princípios, que não cede, mesmo diante da morte.

O médico balança a cabeça em sinal de positivo. — Então está certo — diz, voltando-se para os outros. — Vamos entubá-lo.

Na primeira vez que encontrei Scott, ele morava com seus pais em uma casa geminada, de aluguel, em uma velha rua de um subúrbio de classe média de Cleveland, onde, se comparados com os seus vizinhos — a maior parte dos quais era dona de suas próprias casas —, os York eram os pobretões. A mãe de Scott vinha de uma família de fazendeiros, e o pai, de uma família de metalúrgicos, que levaram seus filhos para a classe média de Ohio ao ajudá-los a se tornar médicos e dentistas. Mas o pai de Scott, dentista, sofria de enxaquecas crônicas tão violentas que sua clínica entrou em decadência. Ele buscou, por toda parte, uma explicação e uma cura, consultando médicos em lugares tão distantes quanto Montreal, onde o neurocirurgião Wilder Penfield fez um orifício em seu crânio ("para aliviar a pressão"), que ele então reparou com uma permanente placa de aço, inutilmente. Quando Scott era um menino, seu pai, em agonia, viciou-se no analgésico Seconal, um poderoso barbiturato, que, como dentista, ele podia prescrever para si mesmo. Mandava Scott, filho único, a várias farmácias para buscar os remédios. Várias vezes por dia, injetava Seconal na veia, mas mesmo assim, durante uma enxaqueca, o mínimo ruído era tão doloroso que ele, algumas vezes, expulsava a mulher e o filho de casa até que a crise passasse, mandando-os ficar com parentes. Antes do acidente, tinha sido um pai dedicado: treinava os garotos da vizinhança em beisebol, futebol americano e basquetebol, na época em que Scott tinha 6 anos, e formou times para os quais a mãe de Scott costurava uniformes. Enquanto a clínica de seu marido prosperava, ela administrou o consultório, marcando os horários e mantendo em dia os livros de registro, mas quando ele se tornou um viciado e a clínica entrou em declínio, era ela quem sustentava a família. Durante a depressão, foi operadora de telefonia, depois, durante a Segunda Guerra Mundial, inspetora de peças em uma fábrica de avião, na qual continuou a trabalhar a maior parte de sua vida, inspecionando pás de hélice de motor a jato. Eventualmente ganhava broches a título de "empregada veterana" por cinco, dez e 15 anos de serviço, incrustados respectivamente com uma minúscula pérola, um minúsculo rubi e um minúsculo diamante.

Encontrei sua mãe, Myrtle, e seu pai, Russell, apenas uma vez, rapidamente. No único sábado em que Scott me levou a sua casa, me apresentou a eles rapidamente, antes de me apressar escada acima na direção de seu quarto decorado com pôsteres. Lembro da aparência deles, como se fossem personagens de um quadro de Norman Rockwell; Russell, magro e angular, Myrtle, agradável e simples, em seu vestido florido de casa. Não se via um livro em parte alguma, diferente da casa de meus pais, abarrotada deles. Nos anos 1980, quando Scott e eu voltamos a entrar em contato, seu pai e sua mãe já haviam morrido. Seu pai morreu na faixa dos 50 anos, ao inalar fumaça, depois que a casa deles pegou fogo quando ele adormeceu com um cigarro aceso; sua mãe morreu na faixa dos 60, de um derrame, depois de sofrer durante anos de esclerose múltipla.

O próprio Scott começou a trabalhar na 4ª série — depois da escola, nos fins de semana e durante os verões. Entregava jornais, limpava pratos na cantina da escola em troca de almoço, removia a neve e limpava o chão da cozinha de várias escolas para o Departamento de Educação em Cleveland Heights, vendia revistas de porta em porta, arrumava os pinos na pista de boliche, trabalhava no vestiário da piscina da cidade de Cumberland, treinava criancinhas em basquete, foi atendente em uma lanchonete, tocava discos em bailes de grêmios acadêmicos, foi vendedor de gelo, carregava nos ombros blocos de 135 quilos pelas escadas dos prédios e, durante um verão, transportou peças de máquina pelo chão da mesma fábrica em que sua mãe trabalhou. Todo o dinheiro que tinha ele mesmo ganhou. Foi para a universidade de Duke, na Carolina do Norte, com uma bolsa de estudos por jogar basquete no time da universidade, sem o que ele provavelmente não teria ido para a faculdade. A bolsa de estudos pagou seu curso e uma cama na parte de cima do ginásio, em um longo dormitório reservado para atletas, mas, diferente dos dias de hoje, nada além disso. A partir do primeiro ano, ele jogou pelo time da universidade e também pegou todos os empregos que podia agarrar — como lavador de pratos na cantina em troca de comida; servente no hospital de Duke; acompanhante de doentes mentais; vendedor nos jogos de futebol americano — e, ao se alistar no Corpo de Treinamento de Oficiais de Reserva da Marinha, trocou três anos de serviços após a graduação pelo ordenado extra oferecido, que ele mandava para casa a fim de ajudar a sustentar os pais.

Tinha orgulho de sua capacidade de encontrar trabalho e sempre à procura de mais. Eu estava ligeiramente chocada, tanto pelo seu currículo em si quanto por seu evidente orgulho deste, o que o tornou ainda mais misterioso. Meu próprio trabalho aos sábados durante o científico, em uma loja local de roupas, e o emprego de verão ocasional que consegui para ganhar uns trocados, que frequentemente torrava em milk-shakes e roupas, não iria afetar meu padrão de vida, porque sempre ficou claro que meus pais me sustentariam durante a faculdade, esperando que meu único trabalho fosse estudar. Filha protegida de um advogado que se tornou juiz classista e de uma professora que virou dona de casa, eu não entendia as contorções de Scott para encaixar horas de treinos no time da universidade, preparação para o Corpo de Treinamento de Oficiais da Reserva e trabalho não qualificado em cada horário livre entre as aulas, ao mesmo tempo em que continuava tentando prosseguir com os estudos. Que ele era um rapaz sério, cujo entusiasmo pelo trabalho revelava ambição pouco comum, tenacidade e disciplina, deixou de ser registrado. Bastava, para um romance de verão, que eu o achasse bonito, sexy, meigo, atencioso e diferente.

Ambos sabíamos, desde o começo, que nossas vidas, que mal começavam, seguiam caminhos diferentes, que, quando o outono chegasse e arrumássemos as malas para sair de Duke, nosso romance terminaria. Filhos de Heights High, nunca aparecemos juntos para os nossos amigos, mantendo em segredo nosso caso espontaneamente. Mas no último encontro antes de deixarmos Cleveland, prometi lhe escrever, e ele me disse que telefonaria quando voltasse para casa na festa de Natal.

Ainda é noite. Estou em outra sala de espera, mais ampla, embora também sem janelas, virada para o saguão da UTI, quando uma mulher jovem, de cabelos escuros, alta e exuberante, que se apresenta como enfermeira de Scott, me chama em um canto e me pergunta, em voz baixa, se eu já havia começado a comunicar o fato à família.

Comunicar o fato à família! — Está tentando me dizer que ele está prestes a morrer?

— Não, mas você nunca sabe o que vai acontecer. Melhor avisar à família, antes cedo do que tarde, dar-lhes uma chance de vir.

Refaço-me do golpe, como se ela tivesse me socado no estômago. Neste momento, não consigo contar a ninguém o que aconteceu. Falar disso, como ela deseja, de nada adiantaria. Primeiro preciso saber que ele está se recuperando.

— Todos eles moram longe daqui, em New York City ou Boston. Não podem simplesmente abandonar tudo e vir para Portland — disse.

— Não acha que eles deveriam decidir isso? Você não se perdoaria se algo acontecesse e você não lhes desse a oportunidade de escolher.

Se Scott fosse morrer, como ela, de forma petulante, insinuava, então deixar de avisar à família com antecedência não estaria no topo da lista de erros pelos quais eu nunca me perdoaria. Por que esta estranha está sendo tão cruel? Ela é a única a quem não perdoarei.

— Não dei oportunidade a minha família quando meu pai teve um ataque cardíaco, e aí ele morreu — confidencia. — Nunca me perdoei. Estou tentando poupá-la disso. Seja como for, você está um trapo — diz, observando minhas lágrimas contínuas. — Não deveria ficar sozinha agora. Precisa de alguém com você.

O que ela sabe sobre mim ou as minhas necessidades?

— Você deveria comer alguma coisa. Tem que se cuidar, vai precisar de sua força. Não pode usar um celular neste andar, mas pode fazer ligações da cantina. Siga direto por este corredor, depois vire à esquerda na placa de saída.

Atormentada por fortes emoções que interferem na minha capacidade de pensar, não posso senão me submeter a sua determinação. Do lado de fora das janelas da cantina, o amanhecer está começando a colorir de amarelo, com algumas faixas verde rosado cintilante, a parte de baixo do céu. Depois das salas de espera sem janelas em que passei a noite, é um choque ver o mundo comum multicolorido, aonde as pessoas — a maior parte funcionários do hospital — vêm e vão em liberdade, bebericando café e conversando em longas mesas. Ontem eu era parte disso; agora, sou uma forasteira, sem visto nem perspectivas.

* * *

Quando finalmente sou admitida no quarto de Scott na UTI, ele está apagado como um zumbi e cheio de tubos. Um tubo de respiração, semelhante a uma cobra, passa do respirador computadorizado a sua traqueia, chegando até os pulmões. Um tubo de alimentação colocado em seu nariz desce pela garganta até o estômago. De cada lado, drenos escoam fluidos e ar que vêm da área ao redor de seus pulmões, jogando-os em grandes recipientes sangrentos no chão ao lado de sua cama. Uma sonda intravenosa entra por uma artéria; um cateter, em seu pênis, drena a bexiga; e argolas que automaticamente inflam de segundo em segundo para estimular a circulação circundam seus tornozelos e panturrilhas. Meu amado, que ainda recentemente expressou um pensamento e uma decisão racionais sobre seu futuro, foi substituído por alguém completamente inacessível.

Estou chocada com sua transformação grotesca menos de oito horas depois da queda. Seu rosto está tão inchado que fica difícil ver onde termina o maxilar e onde começa o pescoço. Suas mãos e pés dobraram de tamanho. A balança eletrônica conectada a sua cama registra 91 quilos, espantosos para um homem magro.

Ali deitado, inchado e mal respirando, ele me lembra a baleia-piloto doente que veio dar em South Beach e podia ser facilmente vista de minha casa. Nenhuma UTI ou respirador é capaz de ajudar mamíferos marinhos que estão morrendo se eles estiverem fracos demais para flutuar na água. Ao invés disso, houve outro tipo de "intervenção". Um veterinário especial administrou uma injeção letal. Na autópsia que se seguiu, 11 operários da equipe de "resgate", com botas de borracha, se espalharam por toda a extensão da baleia e, com um grande empurrão, rolaram-na, de forma tal que o lado de baixo do animal, quando cortado, desaguasse para o mar por meio de canais que eles cavaram na areia. Com a maré vazante, o veterinário fez a primeira incisão, usando o que parecia uma longa faca de cozinha como escalpelo. Segmentos de pele e gordura com 60 centímetros de espessura foram retirados, revelando o exageradamente grande interior do mamífero, tão parecido com o nosso. Pequenas amostras de pele, músculo, sangue, urina, bile, intestino, nódulos linfáticos, baço, testículos e todos os órgãos mais importantes, inclusive — depois que o crânio foi aberto com uma serra e um pé de cabra — o cérebro, foram conservados em formaldeído para futuros estudos. Seis horas depois da primeira incisão, quando a maré alta alcançou o corpo, tingindo de vermelho a água, um barco dedicado à pesca de lagostas rebocou os restos da baleia para um enterro solitário no mar.

— Será um caminho muito difícil a percorrer antes que seu marido esteja sem limitações — adverte o dr. Cushing com gravidade. — Vamos ter de esperar e ver o que acontece.

Minha melhor amiga, Linda, senta ao meu lado, apertando-me a mão. Quando liguei para ela em Nova York, às seis horas da manhã, da cantina do hospital, ela disse:

— Estou pegando o primeiro voo para Portland. Nem tente me convencer do contrário. Estou chegando, ponto final! — E aqui está ela comigo, no comprido balcão situado no posto de enfermagem, onde o dr. Cushing está nos mostrando tomografias computadorizadas do cérebro de Scott em uma tela de computador.

— Vê estas manchas escuras? São coágulos de sangue, hematomas subdurais. Examinaremos o inchaço muito de perto nas próximas 72 horas. Depois disso, podem se passar oito meses, um ano ou até mais antes que saibamos a extensão dos danos.

Oito meses! Linda suspira. Estou chocada demais para suspirar.

Ficamos deitadas, conversando em um colchão no estúdio atapetado da amiga de Linda em Portland, Jane, que está em viagem à Ásia. O quarto é espaçoso e tranquilo, decorado com grandes tapeçarias de parede tibetanas cintilantes de ouro. Olho fixamente as elaboradas tapeçarias de seda, mas elas mal ficam registradas; estou centrada em meu único objetivo na vida: manter Scott vivo.

Na manhã seguinte e em todas as que se seguem, tão logo estou vestida, deixo Linda dormindo e caminho até o hospital pelas ruas vazias. Chego ao quarto de Scott às oito da manhã, permanecendo com ele até as seis ou sete da noite, quando retorno para a casa de Jane. Sei que devo usar o tempo em que estou caminhando para descobrir o que fazer, mas não consigo pensar a não ser no passado — sobre o quão longe chegamos, Scott e eu, e no milagre de finalmente termos terminado juntos depois de 34 anos separados.

Não que tenhamos esquecido um do outro. Seu nome está por toda parte em minha agenda da década de 1970, sem explicação ou nota: *Scott York*, apenas isso — as associações, caracterizações e sentimentos que isso evocava aparentemente eram óbvios. Da primeira vez que fui a Cleveland visitá-lo depois que ele finalmente reapareceu em minha vida em 1984, algo me estimulou a levá-lo para o sótão da casa de meus pais, que eles compraram na década de 1950, logo depois que me mudei para Nova York. Eu não sabia exatamente o que iria encontrar ali, mas devo ter tido uma vaga ideia, porque, assim que meti a mão no baú que minha mãe tinha enchido com os meus pertences quando eles se mudaram, tirei de lá de dentro uma grande foto desbotada dele. Seu uniforme branco com insígnia escondida mais embaixo, a jaqueta de training em cetim azul do time da universidade, que nenhum de nós lembrava que ele tinha me dado, com seu número, 22, e as letras D-U-K-E aplicadas em branco.

O dr. Cushing tinha advertido que o caminho para a recuperação seria difícil — mas como um campo minado? Alegro-me a cada sinal de progresso e, embora eu vacile a cada revés, não desmorono.

Uma manhã, descubro que o braço direito de Scott inchara até ficar do tamanho de um pequeno tronco de árvore e estava coberto, dos dedos até os cotovelos, por imensas bolhas. Seus dedos estão como salsichas, e sua mão está azul. De início, ninguém sabe por quê; depois alguém conclui que é uma queimadura causada por agentes químicos, devido a uma injeção mal aplicada de contraste na veia para a tomografia computadorizada. Antes de a Unidade de Queimados ser acionada, uma enfermeira menciona a possibilidade de amputação. Outro dia, há fluido em um dos pulmões, que eles terão de drenar por meio de uma agulha. Agora, uma hemorragia interna, exigindo mais transfusões. Depois uma infecção, detectada na contagem de leucócitos, e outra — mas ninguém sabe onde surge cada uma delas. O pior é a sua agitação, o que o leva a arrancar o tubo de alimentação, o tubo de respiração, a sonda intravenosa. Quanto mais ele se fortalece, mais ameaçador se torna para sua própria sobrevivência. Depois de cinco noites agitadas sem dormir um só minuto (um recorde), eles amarram suas mãos com tiras para impedir que arranque os tubos novamente e apenas as desamarram quando estou presente para vigiá-lo a cada segundo. Bombardeiam-no com um ansiolítico, em seguida com um antipsicótico. Para permitir que ele durma, continuam a aumentar as doses, mas como sempre acontece na UTI, onde luzes artificiais se apagam noite e dia, em vez de retornar aos padrões normais de sono, ele permanece em estado de torpor o dia todo, dia após dia, dormindo como um drogado, e continua a não descansar à noite. Com medo do que possa ter ocorrido em minha ausência, estou sempre receosa de entrar em seu quarto pela manhã.

Embora o tubo de respiração bloqueie sua laringe e o impeça de falar, logo ele é capaz de apertar minha mão, apontar, gesticular, sorrir, balançar a cabeça em sinal de negativo ou positivo e pronunciar palavras que não consigo entender. Como em uma *folie à deux*, Linda e eu nos encorajamos mutuamente, impondo interpretações cada vez mais fantasiosas a cada careta ou gesto seu. Depois de havermos decorado as paredes com pôsteres de arte do Museu de Arte de Portland, supomos ler nele o prazer. Nunca consideramos a possibilidade de ele estar ausente, apenas de que não pode se expressar. No momento em que me manda beijos quando saio, parece ser ele mesmo.

Mas uma vez que não consegue falar, quem sabe o que realmente pensa ou sente? A verdade é que eu nunca soube o que se passa em sua cabeça, mesmo quando ele estava em perfeito estado de saúde, e vivemos juntos por anos. Quantas vezes eu costumava perguntar, à maneira dos apaixonados, “No que você está pensando?”, sem receber nenhuma resposta melhor do que “Nada” ou “Estava imaginando o que *você* estava pensando”. Pressionado a responder, geralmente era levado a se esquivar e mudar de assunto. Falar sobre seus sentimentos e desejos, em sua rica variedade, nunca estava entre suas atividades preferidas. Demorei muito tempo para entender que sua preferência por silêncio era reflexo de uma natureza reservada, mais do que evasiva. Lembro de uma conversa na manhã que se seguiu a nossa primeira noite juntos no promontório, depois que o convidei para a ilha. Tentando nos conhecer um ao outro novamente depois de tantos anos, estávamos sentados em um tronco de árvore na praia, fazendo a areia escorrer por entre as nossas mãos, confessando sem jeito o que sentíamos um pelo outro, quando perguntei a ele quais foram os acontecimentos mais importantes ou transformadores em sua vida. Eu estava preparada para lhe contar a mesma coisa sobre os meus: ter me mudado para Nova York, ter tido filhos, ter descoberto o feminismo, ter me tornado uma escritora. Depois de muitas cutucadas, ele me falou de escaladas de montanha, descrevendo cada um dos picos mais altos que tinha escalado nos quatro continentes. Nenhuma palavra sobre seu trabalho, seu casamento ou a morte repentina de seu filho em um hospital psiquiátrico, vencido por um aneurisma aos 21 anos. Apenas uma vez, nessas duas décadas de vida juntos, eu o vi chorar por Freddy, o foco central de anos de existência difícil e a provável causa do fracasso de seu primeiro casamento. Ao voltar para casa, para o nosso loft em Nova York, em uma noite de inverno depois do pôr do sol, achei-o de pé junto à janela no escuro, segurando em uma das mãos um uísque com soda enquanto com a outra cerrava o punho, erguendo-o para o céu que escurecia, soluçando e evocando o nome de Freddy. Fora isso, ele nunca o mencionou.

— Parece correto — diz Scott, quando leio para ele esta cena.

— Mas por quê? Por que você acha que nunca falou sobre Freddy?

— Acho que por compartimentalização — diz, novamente ficando em silêncio.

Depois de quatro semanas na UTI, Scott troca o tubo de respiração por um "tubo de traqueostomia", um dispositivo conectado ao respirador, inserido diretamente em sua traqueia por meio de cirurgia e contendo um orifício para uma válvula fonatória. Não é preciso mais adivinhar o que ele está tentando dizer. De sua parte, nada mais de frustração por ser mal compreendido. Agora vamos saber.

As primeiras palavras que ele pronuncia, apontando para a pia, são:

— Kleenex, por favor. — Como a primeira palavra de uma criança, uma vitória. Excitada e rindo, entrego a ele a caixinha de lenços de papel que está na beira da pia. Ele assoa o nariz.

Imediatamente meu sorriso desaparece, na medida em que, de sua boca, jorra uma torrente de palavras, algumas compreensíveis, outras não, um caudal de histórias, misturando fatos que eu conheço sobre ele com alguns de que nunca ouvi falar em nossos vinte anos juntos. Poderiam eles ser verdadeiros? Como escritora, sei que deveria anotar cada palavra deste acontecimento importantíssimo, mas estou por demais excitada, maravilhada e alarmada para fazer outra coisa além de escutar.

Quando as notícias deste último avanço se espalham pelo andar, um a um os médicos e as enfermeiras se deslocam para o quarto de Scott a fim de testemunhar o milagre e avaliar os danos. Eles o questionam rigorosamente, para verificar o que sabe sobre o passado e o presente.

Ele sabe seu nome, o dia e a cidade em que nasceu, mas não sabe o ano, mês ou estação em que estamos. Sabe que meu aniversário é em agosto, mas não consegue lembrar meu nome. Sabe que estamos no Maine, mas acha que estamos na cidade de São Francisco. Lembra que aos 18 anos saiu de Cleveland para Duke a fim de estudar biologia, química e física, mas alega ter se formado na Pensilvânia, ao invés de Harvard. Quando lhe perguntam se sabe em que tipo de estabelecimento estamos, primeiro supõe corretamente — um hospital — e com seu peculiar encanto começa, efusivamente, por agradecer a todas as enfermeiras que entram no quarto. Mas instantes depois julga que estamos em uma universidade, a Universidade da Pensilvânia, na Filadélfia, onde diz que costumava trabalhar com Ralph Nader. (Será possível que isso seja verdade? Ele nunca mencionou isso antes. Teria Nader trabalhado na Filadélfia?) Qualquer que seja a pergunta, ele nunca deixa de responder, por mais absurda que a resposta seja (isso, partindo do homem que me ensinou a virtude do silêncio, especialmente quando estamos lidando com autoridades). A uma pergunta do médico, ele responde que nasceu no Equador, uma das muitas respostas ilusórias que o médico não tinha meios de saber que eram falsas. Sempre confunde uma palavra com outra que soa familiar ou que rima: às vezes acha que estamos em Honolulu — será por que hospital e Honolulu começam com a mesma sílaba ou por que uma vez ele esteve hospitalizado em Honolulu?

Quem é essa criatura desconectada, com sua estranha combinação de sensatez e incoerência, tão irracional quanto cheio de imaginação? O homem nobre e digno que amo emergiu desse silêncio forçado um estranho loquaz — por vezes um palhaço, cheio de espantosas demonstrações de jogos de palavras que nos deixavam, a Heather, Norm e eu, uivando de rir, por vezes um velho tagarela, absurdo e até mesmo sujo, cantando as enfermeiras. *Afasia receptiva* é o nome que o médico dá a esse pandemônio verbal incontrolável, resultado do dano aos centros de fala do cérebro, pela qual, em lugar das palavras desejadas, que fogem, os lábios emitem uma aproximação sinuosa que usualmente soa como balbucio, mas algumas vezes sugere sabedoria. Será a miríade de palavras substitutas que emerge arbitrária ou significativa? Uma vez que a afasia, tanto em suas variedades receptivas quanto nas não receptivas, é causada por dano ao corpo ou doença e sempre desaparece com o tempo, parece ser puramente física, não psicológica. Mas encobrindo meu modesto marido, parece haver outro homem de múltiplas personalidades estranhas — ora expansivo e divertido, ora autoritário e administrativo —, e todas elas têm por nome Scott York. Pode este dano ter transformado seu verdadeiro eu, atingido lá no fundo de sua identidade? Ou revelava um eu enterrado que nunca conheci?

Sua capacidade de interpretar corretamente o que vê também está avariada.

— Ih, você não vai acreditar nisso, mas lá vem um trilho de trem — me diz, quando uma enfermeira passa pela frente de seu quarto empurrando uma grande máquina de raios X.

— Não, querido, não é um trem, é uma máquina de raios X — afirmo — embora (tentando da melhor maneira possível levar em consideração seu estado de espírito) ache que se parece um pouco com um trem.

— Ok, se quiser acreditar nisso, você é quem sabe. Mas não iria querer colocar seu dedo mindinho para fora na frente dele! — E me agarra pelo braço para me afastar do perigo.

Nos dias que se seguem, ele bravamente põe à prova cenário por cenário em uma tentativa de dar sentido a seu ambiente incompreensível: às vezes o hospital é uma biblioteca, e as enfermeiras, bibliotecárias; ele me manda ir até as "estantes" para pegar os "volumes". Ao ver Tiger Woods na TV acima de sua cabeça, supõe que o hospital é um clube de golfe. Em seguida, é uma grande corporação, da qual é um alto executivo, lidando com o staff da UTI como se fossem empregados cuja "eficiência" ele quer melhorar, contando uma discussão complicada que acabou de ter com um dos administradores. Depois é a agência de correio, tendo por carteiro o enfermeiro Dan, a quem ele pergunta sobre seu salário e seus benefícios, pedindo a mim ("sua secretária?") que assegure que as pessoas vendedoras de selos tenham "um bom pacote de benefícios". Depois de assistir perplexo na TV a alguns Jogos Olímpicos intercalados por comerciais musicais, ele me instrui:

— Da próxima vez que você adquirir uma dessas comédias musicais, se assegure de me enviar uma cópia do contrato dos artistas. Gostaria que você pensasse na possibilidade de investir dinheiro no roteirista.

Quando deixo de responder de forma apropriada, ele me manda embora impacientemente, dizendo:

— Está certo, pelo resto do dia o dramaturgo se encarrega deste melodrama.

E uma tarde, ao ver um enfermeiro passar vestindo uma bata amarela de hospital, diz: — Olhe! Lá vêm os guardas, vestindo seus uniformes com a fita dourada. — Nunca antes eu o ouvira falar com tais floreios verbais. Será que eles expõem lados que ele escolheu nunca me revelar ou significam algo inteiramente novo, talvez louco?

Estou assustada; estou chocada; estou horrorizada. O paciente está desorientado e confuso; não tem qualquer lembrança do acidente.

Todas as enfermeiras e residentes me asseguram que Scott está apenas sofrendo de "psicose da UTI", uma condição temporária que sempre aflige pessoas que passam semanas em tratamento intensivo, em que o desaparecimento do dia e da noite, combinado com constantes interrupções do sono e o uso de poderosas drogas psicotrópicas, destrói a mente, induzindo a um estado de extrema confusão. Todo mundo jura que isso irá desaparecer tão logo ele deixe o hospital. Agarro-me a essa esperança, até que uma fonoaudióloga, depois de muito testá-lo, finalmente me diz que, em sua opinião, a incapacidade de Scott lembrar onde está, mesmo por um instante, se deve ao fato de que sua memória de curto prazo está completamente destruída, como resultado dos múltiplos danos ao seu cérebro.

Sei alguma coisa a respeito de perda de memória de curto prazo. Desde que Scott se submeteu a uma cirurgia para corrigir um aneurisma há vários anos, em Honolulu, sua memória vem piorando lenta e gradualmente. No começo, julguei que fosse falta de atenção e exigi mais, dando início a nossa primeira importante discussão. Quando todos os seus esforços provaram ser inúteis, nossa discussão piorou, até que comecei a imaginar se fisicamente não poderia haver alguma coisa errada com ele, e ele finalmente concordou em fazer um teste de memória. Os resultados foram ambíguos: não conseguia lembrar-se de três palavras que poucos minutos antes lhe fora pedido que recordasse, mas podia facilmente contar em ordem decrescente de 100 até 17 em tempo recorde e citar, em ordem inversa, não apenas os mais recentes presidentes dos Estados Unidos, como solicitado, mas quase todos eles. A conclusão parcial foi a de que ele provavelmente, mas não com certeza, iniciara uma longa e lenta descida em direção à demência (Alzheimer). Logo depois, a mídia começou a informar que um paciente cirúrgico que passa horas ligado a uma máquina coração-pulmão sofre permanente perda de memória — quanto mais tempo na máquina, maior a chance de interromper o fluxo de oxigênio do cérebro, causando dano definitivo. Durante sua cirurgia do coração, Scott esteve nessa máquina por sete horas. No entanto, uma década mais tarde, o ritmo de sua vida pouco mudou: ele continuou a ir ao ateliê de escultura todos os dias, planejando e executando ambiciosos projetos, passando os verões na cidade enquanto eu estava na ilha, voando para me visitar em Maine ou sua irmã em Boston em fins de semana ocasionais, sem se deixar intimidar pelas complexidades de um voo com mais de nove a 11 horas de duração. Mas tarefas que exigiam lembrar um grande número de novos detalhes — usar um computador, lidar com finanças, responder com bastante rapidez a complicados menus telefônicos — se tornavam incrivelmente difíceis para ele. Nós nos ajustamos a essas coisas facilmente. Ele desistiu do computador e eu, gradualmente, me encarreguei das contas e dos preparativos de viagem. Somente no ano passado insisti, por segurança, para que ele passasse o verão inteiro comigo no Maine.

Pergunto à fonoaudióloga quanto tempo acha que esta excessiva falta de memória vai durar. Ela estuda meu rosto, tentando avaliar minha capacidade de resistência, antes de proferir seu veredicto devastador: "Podem se passar muitos anos antes de sabermos a verdadeira extensão do dano."

Se Scott não tivesse sido o tipo de homem que faz as coisas acontecerem, poderíamos ter continuado a ser, um para o outro, simplesmente lembranças românticas de uma juventude idealizada. Mas duas semanas antes de começar o ano de 1984, ele deu o telefonema que mudou os nossos destinos.

Era o meio da manhã, e do lado de fora de nossas janelas o Washington Square Park estava coberto de neve. Minha filha Polly, 20 anos (mais velha do que eu era quando ocorreu meu primeiro romance de verão com Scott), estava enroscada na cadeira vermelha com um livro, passando o feriado de Natal em casa, enquanto seu irmão, Ted, 22, estava em viagem com o coral da universidade. "Casa", para eles, era nosso apartamento de antes da guerra, de formato irregular, que o pai deles e eu, em meio ao divórcio, dividimos em dois para adiar a briga a respeito de quem teria de se mudar. Ocupei a sala de estar, a sala de jantar, a cozinha, o quarto da "empregada" (o quarto de Polly) e um banheiro minúsculo; ele ficou com o cômodo iluminado do canto, que costumava ser o meu escritório, e os dois quartos e banheiros. Eu usava a entrada da cozinha, ele, a entrada principal, e na metade do caminho que desce até o longo hall de entrada erguemos uma parede com uma porta para manter separados os nossos dois lados.

Eu estava na desordem de meu escritório improvisado na sala de jantar, inutilmente tentando trabalhar, quando o telefone tocou. Assim que atendi, reconheci aquela voz de outro mundo se anunciando como Scott York.

Ele disse que estaria em Nova York na sexta-feira e queria saber se poderíamos nos encontrar. A última vez que eu falara com ele fora há mais de trinta anos, em 1953, aos 20 anos, quando eu era uma estudante de pós-graduação em filosofia pela Universidade de Colúmbia, recém-casada com um estudante de pós-graduação em literatura, morando em um sombrio apartamento de um quarto, em Upper Manhattan, e Scott estava na Marinha. Quando seu porta-aviões ancorou no Brooklyn Navy Yard, a primeira coisa que ele fez, disse, foi ligar para mim — apenas para me ouvir confessar, com relutância, que estava casada.

— Ah, que pena — disse, com tristeza, antes de dar os parabéns de praxe. Exatamente o que eu sentia.

(Quando leio para Scott este trecho no computador, ele pergunta, com tristeza: "Por que você não podia ter esperado por mim? Pense em todos os prazeres que poderíamos ter tido nesses anos se tivéssemos, ao contrário, casado um com o outro." Mas, é claro, ambos sabíamos que não poderíamos fazer isso. Nossas aspirações e desejos estavam muito fora de sincronia, e nossa experiência de vida era por demais limitada. Eu, como a maior parte dos meus amigos da classe média, tinha decidido encontrar meu parceiro rapidamente e acabar logo com o assunto. Mais de cinquenta anos depois, concordamos que casar um com o outro, naquela época, provavelmente teria sido desastroso. E novamente repetimos a nossa ladainha: a de quanta sorte tivemos por haver experimentado as decepções e os erros com nossos cônjuges anteriores, poupando nossas formas mais sábias e livres de ser para usar um com o outro, quando finalmente poderíamos nos entender bem.)

Desta vez, quando Scott perguntou como eu estava, fiquei feliz em poder dizer a ele que estava me divorciando (mas de um marido diferente daquele que tinha na época em que ele me ligou), e ele informou que estava divorciado havia oito anos. Contra a minha vontade, um tom sedutor que eu não usara desde o movimento de mulheres me deu melhores recursos, deslizando espontâneo em minha voz na medida em que conversávamos. Ouvindo algo de novo, Polly repousou o livro e escutou.

Será que eu estaria livre para jantar na sexta-feira?

Sim, sem dúvida estaria!

Cinco minutos depois, meu pai me telefonou de Cleveland.

— Espero que não se zangue — disse envergonhado —, mas dei o número do seu telefone para Scott York.

— Eu sei, papai, ele acabou de me ligar. Claro que não estou zangada. Por que estaria?

— Sua mãe diz que não estou autorizado a dar o seu telefone a qualquer um.

— Sim, mas mamãe deveria saber que isso não se aplica a *ele*.

A sexta-feira chegou. Por volta das 17h30, quando entrei apressada em casa com as compras de última hora, Ray, o porteiro, me informou que um visitante estava esperando no lobby. Lembro de lamentar por não ter chegado à casa dez minutos antes e estar pronta para ele.

Este primeiro momento está indelevelmente gravado em minha mente; posso reconstruí-lo à vontade, em câmera lenta ou rapidamente. O casaco azul da Marinha perfeitamente talhado, estirado sobre seus ombros largos e espadaúdos; o corpo definido, alto, graciosamente voltado em minha direção — primeiro a cabeça de cabelos ralos, descorados, sem topete, escovados para trás desde o bico de viúva, à semelhança do de Fred Astaire; as narinas do nariz proeminente ligeiramente dilatadas, os olhos azuis piscando à medida que os lábios se abrem e se expandem em um sorriso: o mesmo rosto de traços delicados agora coberto por três décadas de vida, talhado com personalidade e ostentando um bigode louro, juntamente com os braços alargados.

Todo mundo muda. Pelo que pude ver, Scott só tinha melhorado: uma combinação do jovem atleta tímido que conheci e deste homem atraente, com ares aristocráticos, de 55 anos. A velha atração acendeu a chama quando ele deu um passo decisivo em minha direção.

— Oi. Deixe-me olhar pra você! — disse, e estendeu a mão para pegar as sacolas.

Sentados de frente um para o outro em duas poltronas vermelhas junto à lareira, bebendo o vinho Montepulciano que ele trouxe, não podíamos desviar os olhos um do outro. Entre nós, na mesa de café, estava uma bandeja com entradinhas que eu havia preparado, mas — talvez pela mesma estranha cortesia que outrora o deixou pouco à vontade para fazer amor comigo — ele não conseguia tocar na comida, não importando o quanto eu insistisse. Rapidamente tentamos nos colocar a par de décadas de história pessoal — eu, de meu ativismo feminista, meus livros, meus dois casamentos e meus dois filhos; ele, de seu cargo na Marinha, depois Harvard (pela lei que financiava a faculdade dos veteranos da Segunda Guerra), primeiro uma pós-graduação em design, em seguida um MBA), casamento, dois filhos, um rapaz e uma moça...

Mas disse, abaixando os olhos, que seu filho tinha morrido alguns anos antes.

Silêncio extremamente lancinante.

— Oh, sinto muito. Como ele morreu? — contornei a situação.

— Morreu em um hospital psiquiátrico.

Silêncio ainda mais excruciante.

Graciosamente, ele me salvou de meu embaraço, resumindo sua história: depois de se formar na universidade, um desvio para produzir filmes para o crítico literário I. A. Richards; em seu tempo livre, pintura; e finalmente se lançando no mundo das finanças, de que estava planejando se aposentar cedo para se tornar um artista em tempo integral.

Para isso, pensei, ele teria que ser muito agitado, muito corajoso ou muito bem-sucedido.

À medida que conversávamos, eu ficava encantada por trilhar o passado no presente; esta fascinante sobreposição era como venerar as estrelas e saber que o brilho de sua luz vem do passado distante. Temi que essa estimulante combinação do tempo que passou e do agora fosse tão frágil quanto fragmentos arqueológicos que exigem perícia para manejá-los. Eu queria varrer a poeira obscura do tempo com um fino pincel feito de pelo de zibelina, escavar o passado com uma colher de chá bem cheia, bastante vagarosa e cuidadosamente, para preservá-lo.

Mas ele ainda preferia ouvir a falar, acessível apenas quando eu insistia em minhas perguntas. Sim, respondeu, estava atualmente envolvido com uma mulher, alguém com quem gostava de viajar e com quem se encontraria em Roma dentro de três dias. Mas não, não pretendia voltar a se casar.

Contei a ele que eu também estava farta de casamento. Não mencionei minha atual obsessão romântica, uma espécie de homem que era o oposto de Scott, ousado, não confiável e jovem demais para mim, de quem eu já havia iniciado o doloroso processo de me livrar.

Polly, descalça, embora do lado de fora da janela uma tempestade castigasse os postes de luz com constantes precipitações de flocos de neve, puxou uma cadeira, cruzou as pernas sobre o colo e ouviu.

O mês de agosto está quase no fim e Scott ainda está na UTI, mas posso vê-lo se fortalecendo dia após dia. Quando pressiona suas mãos contra as minhas, quase pode empurrar as minhas para baixo. ("Não é o comum para um homem de 75 anos", de acordo com um dos médicos.) Com a ajuda de enfermeiras para apoiá-lo de cada lado, ele consegue dar vários passos. Uma vez removido o tubo de alimentação, ele consegue se alimentar sozinho. Trago para ele bolos de nossa confeitaria favorita, na rua Congress. Finalmente, ele é removido da UTI para uma unidade semi-intensiva em outro andar, e eu começo a fazer planos para voar com ele de volta para Nova York, a fim de cuidar de sua reabilitação. Minha inclinação é para o Instituto Rusk do Hospital Universitário de Nova York, em Manhattan, do qual ouvi dizer que tem os melhores aparelhos de reabilitação no Leste. Se há algum lugar em que ele pode se recuperar, é lá. A aflição de um pai com a entrada dos filhos na universidade não pode ser comparada à ansiedade que sinto com a possibilidade de Scott ser admitido em Rusk — dificilmente uma certeza, dada a exigência de que ele seja capaz de fazer quatro horas de exercício por dia e seguir regras simples, nenhuma das quais parece possível, nem mesmo remotamente. Quando um amigo oferece recomendar Scott a alguém que ele conhece em Rusk, imediatamente abandono minhas restrições arrogantes contra valer-se da influência de alguém e aceito com gratidão.

Finalmente recebo a notícia de que ele será admitido no dia 30 de agosto, cinco semanas e quatro dias depois do acidente e no mesmo dia em que a Convenção Nacional Republicana se reuniu a alguns quarteirões do instituto Rusk para nomear George W. Bush para um segundo mandato. Com a Guerra do Iraque se tornando mais sangrenta a cada dia, todos os nossos amigos estão planejando manifestações diárias de protesto, com cartazes e símbolos, além de estratégias — manifestações às quais Scott e eu entusiasticamente aguardávamos com ansiedade nos juntarmos, antes do acidente. Por um momento, invejo nossos amigos por seu comprometimento com o mundo. Mas depois me lembro: meu mundo agora está em outro lugar.

TRÊS

A missão

Os médicos me disseram que Scott precisaria de um ano para se recuperar.

Primeiro fiquei chocada. Um ano inteiro! É mais tempo do que se leva para esperar um filho. Mas depois me acalmei. Afinal de contas, um ano é quanto dura em média um emprego temporário de professor, apenas a metade do período de permanência no Corpo de Paz e muito menos tempo do que levo para escrever um livro. Em nossa idade, um ano pode passar voando, como uma ambulância estridente.

Sem um momento de hesitação, concordei. Por todo um ano, minha vida se consumiria em um único e claro objetivo: salvar a vida dele. Não havia outra pessoa para fazê-lo e nada que valesse tanto a pena. Esta se tornou a minha missão, minha paixão, minha obsessão, substituindo qualquer outra. Todas as habilidades e a capacidade que desenvolvi durante décadas de escrita e ativismo foram reorganizadas para servir a meu novo encargo. Entrei em ação, movida pela esperança e pela adrenalina.

O problema foi que entendi errado. O que os vários médicos realmente disseram foi que seu restabelecimento poderia se prolongar por até um ano, por mais de um ano, por dois ou três anos, possivelmente pelo resto da vida, porque cada cérebro é diferente e, quando a recuperação tivesse seguido seu curso natural, iria desacelerar e parar. Não se fazia qualquer prognóstico com relação as suas futuras condições. De alguma forma, dos vários comunicados que me fizeram, somente aqueles relativos à melhora ficaram registrados na minha cabeça. Foi isso o que anunciei por e-mail aos nossos amigos: uma completa recuperação no prazo de 12 meses. Mas o significado oculto das falas dos médicos de que tudo poderia acontecer, inclusive o pior e de que poderia levar muito tempo para avaliar o caso — de que, afinal, nada se sabia —, nem me passou pela cabeça, tão grande é a necessidade de o ser humano ter esperança. "Amiga do sonho, irmã da ilusão", assim a denomina um poeta chinês. Algumas pessoas, pelo temperamento, tendem a esperar pelo pior, mas eu, que sempre escolhi a esperança, ouvia apenas o que precisava ou podia suportar ouvir e assumi o solene compromisso de dedicação por um ano.

O que faço então com as notícias que esperam a mim e ao meu filho quando chegamos ao Hospital Universitário de Nova York, que deu origem ao Instituto Rusk, na primeira manhã de Scott ali, dando conta de que durante a noite anterior — a mesma noite em que foi admitido! — ele caiu de uma maca e *novamente* machucou a cabeça, o que resultou em novos inchaços e hemorragias no cérebro?

Ele me recebe, os olhos arregalados, com medo:

— Você ouviu o que aconteceu comigo? Caí de cabeça novamente!

Estou transtornada, com raiva e sem ter como ajudar. Como poderia uma coisa dessas ter acontecido?

As explicações chegam apenas na voz passiva. Ele "foi deixado" em uma maca em algum lugar "no andar de cima" aguardando um teste e "foi encontrado" no chão, sozinho. A explicação preferida é a de que ele chegou em um fim de semana, quando o quadro de funcionários é pequeno — todo mundo sabe que as coisas lá podem dar errado nos fins de semana —, transferindo a responsabilidade para mim, por não ter escolhido o momento adequado. Todas as terapias de reabilitação estão suspensas enquanto eles tentam determinar a nova lesão. Sua enfermeira me avisa para vigiá-lo bem de perto a todo o momento e contratar uma enfermeira particular para se sentar a seu lado durante a noite, porque sozinho ele não está seguro nem por um segundo.

Construímos nossa relação com base na independência e autonomia de cada um; elas eram (paradoxalmente) parte do que nos uniu, o que tínhamos em comum. Suas outras esposas queriam dele mais do que ele podia oferecer, cada vez mais. Somente eu queria menos. E agora não devo tirar meus olhos dele.

A nossa volta, de um lado para outro do corredor, vejo pacientes tendo de superar as suas dificuldades sem qualquer apoio, sem advogados ou esperança. De repente tomo nítido conhecimento deles: um paciente de derrame, idoso, que enche os corredores com seus uivos altos e queixosos; uma mulher jovem com fratura nos quadris que me implora, quando passo por seu quarto, que mande alguém — qualquer um — para ajudá-la a sair da cama; o companheiro de quarto de Scott, portador do mal de Parkinson, um outrora bem-sucedido produtor musical, segundo o perfil dele feito pela revista *Ebony*, décadas atrás, pregado na porta, que terá alta do hospital e irá para um asilo de idosos porque não tem ninguém para cuidar dele. Entre os destinos dessas pessoas e o de Scott, eu me planto como uma barreira de espinhos, impenetrável.

Quanto mais as coisas vão mal para ele, maior é a minha determinação de fazê-las melhores. Interpreto cada frustração como um convite à ação. Quando descubro que a enfermeira do turno da noite automaticamente colocou fraldas em Scott, embora ele não tenha mostrado sinais de incontinência, me asseguro de que isso nunca mais aconteça. Quando novos testes são agendados, insisto em acompanhá-lo. Quando lhe falta energia para comer, eu o alimento. Minha esperança, minha tenacidade, minha tendência ardorosa ao otimismo exigem as reservas secretas de energia física e mental, de que precisarei para trazê-lo de volta. Com profunda dedicação, considero uma vitória cada indício de sua melhora e cada desapontamento ou frustração, um mero impedimento temporário na rota do restabelecimento. Diferentemente da fonoaudióloga, que vê um problema na resposta que ele dá a suas instruções para que ponha no papel seu nome e endereço, sinto-me uma vencedora quando ele escreve:

> Scott York Scott Roland York apaixonado
> Tenho de centrar minha mente em novos pensamentos

A terapeuta redireciona sua atenção escrevendo no papel ENDEREÇO. E novamente me rejubilo quando ele escreve com perfeição nosso endereço completo, com código postal e tudo. Do mesmo modo, quando responde a uma pergunta feita pela médica sobre em que ano estamos, dizendo: "O ano em que George W. Bush será derrubado", faço vista grossa a sua falha temporal para comemorar a bem-sucedida sutileza.

Não que eu ignore sua condição. Tendo sempre apaziguado os meus demônios com uma grande quantidade de informação, todas as noites, antes de dormir, luto contra o desespero, procurando ver, na internet, o que nos está reservado. Estou de volta aos bancos escolares, concentrada, enfadada, privada de sono, na medida em que me esforço para absorver as informações nebulosas das quais nosso futuro depende. Em vários sites, todos os sintomas e as consequências do trauma cerebral estão expostos de forma sistemática, cientificamente: a incapacitante perda de memória, a confusão geral, a falta de atenção, a incapacidade de seguir ordens, a total inépcia para planejar, organizar ou mesmo saber colocar as calças antes dos sapatos ("problemas de sequenciamento"); os ataques impulsivos ("desinibição"), que levam algumas de suas vítimas a se enfurecer e amaldiçoar os profissionais de saúde ou dizer obscenidades a estranhos; os períodos de agitação; o esquecimento do próprio acidente; e o delírio de fim de tarde (*sundowning*), que provoca delírios, fixações, alucinações nos cognitivamente debilitados, em particular nos idosos, em ambientes estranhos. Já se demonstrou que essa estranha loucura temporária está relacionada com distúrbios dos ritmos circadianos do corpo (observados na temperatura do corpo, pulsação, secreção hormonal e outras respostas fisiológicas) e talvez também com a sensibilidade do cérebro à luz, que podem ser responsáveis por efeitos tão distintos quanto o jet lag e a depressão de inverno, bem como exacerbados pela anestesia e pelos medicamentos administrados para a dor e a ansiedade.

Mas juntamente com as más notícias, os diagnósticos e prognósticos alarmantes estão invariavelmente envolvidos em uma aura rósea de esperança, que inalo como se fosse cocaína: com terapia, estímulo e tempo bastante, os sintomas irão se atenuar — uma vez em casa, o *sundowning* pouco a pouco irá desaparecer; o vigor irá aumentar, e o cansaço, diminuir; a bruma que enche a sua cabeça gradualmente irá se dissipar; com a repetição, ele irá reaprender a caminhar e a se vestir; e mesmo sem memória ou consciência, será capaz de ter prazer na experiência de cada momento antes de esquecê-la rapidamente.

Uma noite, lendo a respeito de dano cerebral traumático (DCT), enquanto navego na internet, me deparo com algo de agourento chamado Síndrome do Segundo Impacto:

> Também denominado "dano cerebral traumático recorrente", pode ocorrer quando uma pessoa sofre um segundo dano cerebral antes de ter se curado dos sintomas do primeiro dano... É provável que o segundo impacto cause aumento do volume do cérebro e uma lesão extensa... A morte pode ocorrer rapidamente... Os efeitos a longo prazo do dano cerebral recorrente podem ser espasmos musculares, rápida mudança de emoções, alucinações e dificuldade para pensar e aprender.

Essa síndrome usualmente é citada na descrição de motociclistas, boxeadores e jogadores de futebol americano que escolhem correr o risco de semelhantes danos, não na de pacientes em um hospital de ponta. Novamente, estou mergulhada na melancolia. Mal me conforta (ou serve de ajuda a Scott) o fato de uma semana depois o hospital concluir a "investigação interna" de sua queda mais recente, admitindo ter "errado" e reconhecendo que nunca poderia tê-lo deixado desprotegido; deveria ter dado a ele, na entrada, uma pulseira vermelha para indicar que o paciente tem "problemas com segurança" e tê-lo protegido. Eles não fizeram isso, então preciso fazê-lo, embora nem uma pulseira vermelha, que eu finalmente consigo obter para ele, nem uma assistência particular dia e noite possam garantir sua segurança. Como todo leitor de contos de fadas sabe, seu destino está lhe aguardando onde você menos espera, e não há nada que você possa fazer para escapar disso.

Menos de uma semana depois, voltando do café em que dei uma escapulida enquanto ele dormia, encontro sua cama vazia. Meu estômago se retorce; corro até o posto de enfermagem.

— Onde está meu marido? — pergunto.

— Ele foi levado para o Laboratório de Deglutição no terceiro andar para outro teste, mas não se preocupe — diz a enfermeira. — Enviei uma auxiliar com ordens de não deixá-lo sozinho.

Em um instante estou nessas escadas, subindo os degraus de dois em dois até o terceiro andar. Avanço por um longo corredor e entro no Laboratório de Deglutição justamente no momento em que a assistente de laboratório está saindo da sala. Esquecida da pulseira vermelha, aparentemente sem saber que Scott está confuso e é incapaz de seguir instruções, ela o deixou sem acompanhamento em uma cadeira muito alta em frente à máquina de raios X, as tiras pendendo frouxas ao seu lado e ninguém mais à volta. Um minuto mais e ele teria caído de cabeça *novamente*, dessa vez de uma altura maior. *Vinte minutos* se passam antes que alguém volte à sala.

Por que não há aviso de segurança em frente ao seu prontuário?

Onde está a auxiliar que foi orientada a não abandoná-lo?

Como irá sobreviver neste lugar?

Quando encontro a auxiliar na sala de espera do terceiro andar assistindo à televisão, ela explica que a mandaram esperar por Scott ali, e como poderia ela, uma mera auxiliar, no degrau mais baixo da hierarquia, protestar?

Agora sou uma leoa espreitando uma presa. Caderno na mão, questiono todo mundo que vejo — assistente de laboratório, recepcionista, enfermeiras, médico —, escrevendo ostensivamente, como se estivesse preparando um caso, e me enfureço quando sou forçada a renunciar. Com exceção da humilde auxiliar, que carece de autoridade, ninguém no andar estava informado de que Scott necessitava de vigilância. E ninguém, além de mim, parece aflito com isso. Todo mundo culpa outra pessoa.

Depois disso, não ouso baixar a guarda nem por um momento, ainda que, agora, com o espectro de *processo* pairando no ar, Scott e eu de repente tenhamos passado a ser VIPs, com talheres de metal em vez dos de plástico, comida suficiente para dois, frequentes visitas tranquilizadoras da enfermeira-chefe. Eu me torno um dervixe da intervenção, animada, elétrica, de volta às barricadas, encontrando, analisando, advogando, protestando. No empenho em salvá-lo, sou como alguém possuído. Doze horas por dia zelo por ele, partilhando de suas refeições, empurrando a cadeira de rodas para as consultas, participando como ouvinte de suas terapias, quase nunca o deixando escapar das minhas vistas até que ele esteja na cama, à noite. Nos fins de semana, quando não há terapia, empurro sua cadeira de rodas na direção do Jardim de Vidro, uma estufa tropical úmida com bromélias em flor, palmeiras, peixes dourados gigantes e pássaros tropicais barulhentos, incrustada atrás de uma entrada ao lado do hospital. Scott, cujo cérebro lesado é rapidamente sobrecarregado com novas sensações, está inclinado a ir embora dois minutos depois de chegarmos, mas para mim o canto pungente dos pássaros e os perfumes luxuriantes que enchem o ar deste refúgio incrível aumentam minha coragem, que cresce ainda mais a cada uma de suas pequenas vitórias — quando ele reconhece, inesperadamente, um amigo, seu prazer em observar o tráfego de embarcações no rio East pela janela da cafeteria —, e pouco importam a fala estranha que assusta os visitantes, as recusas irracionais, o assustador *sundowning* que o acomete quando o dia escurece, como se ele tivesse sido mordido por um vampiro, deixando-o atormentado por alucinações e loucura.

Agarro-me a meu otimismo, minha esperança. Mas todas as noites, na volta para casa, em nosso loft, o medo me aguarda. Que terrível episódio irá suceder a seguir? O que será dele? De nós? De mim? Procuro dormir, deixando que a minha esperança vire cinza, até que, amanhecendo, eu consiga atiçá-la novamente para o dia seguinte. Um e-mail de meu primo médico, de confiança, me previne: "Embora você não possa reverter sérios danos ao cérebro, sua própria coragem, otimismo e força estarão entre os fatores mais importantes na aceleração da recuperação de Scott. Apenas seu apoio e carinho podem fazer com que a cura alcance seus benefícios máximos."

Apesar do sono ou da alimentação insuficientes (falta de tempo, falta de apetite), na longa caminhada de volta ao hospital sinto que pouco a pouco me renovo para as inevitáveis batalhas do dia, revigorada pela mera energia do tráfego e o aroma forte do café matinal que está por toda parte. A cacofonia do comércio levantando as grades e abrindo suas portas me lembra que o mundo onde outrora habitei está, como sempre, presente, transformando em ouro coisas sem valor — sem nós.

Um dia, abaixo a grade de proteção da cama de Scott e me deito ao seu lado para ouvir CDs de jazz através de fones, um no seu ouvido, outro no meu.

Ao nos ver deitados juntos na cama, as enfermeiras se intimidam e puxam a cortina a nossa volta. Será que acham que precisamos nos isolar dos outros pacientes do quarto para ouvir Miles Davis? Philip, nosso assistente social, nos encara com espanto:

— Em todos esses anos trabalhando em hospitais — diz —, vocês são o primeiro casal que vi junto na cama.

As jovens auxiliares de enfermagem de repente ficam curiosas a nosso respeito e perguntam há quanto tempo estamos juntos. Exponho a elas a longa história: 54 anos desde que nos apaixonamos, 34 de separação, vinte anos que estamos juntos novamente. Elas acham piegas o apaixonado casal septuagenário — até que se acostumam conosco na cama e param de puxar a cortina.

Mas depois que escurece, quando tenho de ir embora, uma imagem diferente de nós emerge. Scott tem certeza de que, no momento em que eu sair, serei morta no trânsito ou assaltada na rua, para nunca mais voltar. Ele tenta me impedir de sair, implora, seduz, entra em pânico — até que os médicos prescrevem ansiolíticos e, quando estes não funcionam, também antipsicóticos. Mas nada o acalma. Ele não consegue lembrar onde está, onde eu estou, ou, dada sua completa perda de noção do tempo, o que pode significar "voltar amanhã". Às vezes, chego em casa e encontro mensagens desesperadas dele em minha secretária eletrônica (ele induziu a enfermeira da noite a ligar) e às vezes, no meio da noite, ou nas primeiras horas da manhã, liga novamente em pânico, me pedindo para voltar. Com o coração partido, tento falar com paciência e o tranquilizo, mal podendo esperar até a manhã seguinte para voltar correndo ao quarto sem vida, iluminado por uma luz fluorescente, a tempo para seu café da manhã. E então que felicidade ver seu rosto se iluminar quando ele grita "Você está aqui!" e compassivamente esquece que em algum momento estive fora.

Enquanto ele ignora o que irá acontecer quando o sol se puser novamente, eu me recuso a imaginar o que nos espera quando o lendário período de um ano de recuperação terminar.

A "equipe" médica de Scott é imensa. Além de seus terapeutas de reabilitação (fisioterapeutas, fonoaudiólogos, terapeutas ocupacionais e cognitivos), mais um staff de enfermeiras e assistentes sociais, ele é atendido por especialistas em trauma, fisiatria, psiquiatria, neurologia, neurocirurgia, ortopedia, cardiologia, doenças pulmonares e distúrbios da deglutição, alguns dos quais com frequência estão em confronto uns com os outros. O cardiologista e o neurocirurgião se desentendem por causa da dosagem do anticoagulante de Scott, Coumadin, que se supõe dissolver os coágulos de sangue que tendem a se formar em válvulas do coração artificiais como as dele, mas que também aumentam o perigo de hemorragia intensa. O neurologista se opõe aos remédios para a memória prescritos pelo psiquiatra, que se opõe aos ansiolíticos prescritos pelo fisiatra. A maior parte dos membros da equipe parece bastante competente, e alguns são soberbos, mas dada a situação complexa e ainda instável de Scott, sei que um único médico ruim poderia significar morte súbita.

Decido ouvir uma segunda opinião a respeito do programa de tratamento como um todo. Eu me informo até que identifico o "melhor" neurologista da cidade e o chamo para uma consulta. No sábado seguinte, ele visita o leito hospitalar de Scott, examina seu prontuário, passa rapidamente por cima da rotina neurológica de praxe dos manuais de procedimentos ("toque o nariz com o dedo indicador esquerdo") e faz as perguntas de teste-padrão para memória e capacidade cognitiva, além de outras novas ("Será que você consegue soletrar as seguintes palavras de trás para frente?"). Depois de 15 minutos, ele me diz que vai recomendar suspender todos os psicotrópicos que Scott está tomando por causa da agitação e para induzir o sono ("Não vamos confundir seu cérebro mais do que o necessário"), mas, de resto, continuar o tratamento que está sendo feito. Como alguém que dificilmente resolve tomar uma aspirina, vibro com essa mudança. Mas as prescrições do neurologista no prontuário são tão ilegíveis que preciso brigar com a enfermeira do turno da noite para ter certeza de que ela interrompa o uso das pílulas prejudiciais.

Uma manhã, enquanto estou fazendo queixa de um médico a outro médico, descubro que tenho autoridade para tirar do caso qualquer pessoa que eu escolher. Munida dessa tardia revelação de meus poderes, imediatamente começo a demitir incompetentes.

Primeiro o psiquiatra, que declarou que Scott estava "deprimido" depois de observá-lo por um minuto deitado na cama, indiferente, e de uma pergunta sobre seu apetite.

Sem conseguir acreditar, eu o sigo ao longo do corredor para indagar dele como pode dar um diagnóstico de depressão com base em uma única pergunta.

— Não é baseado apenas nesta questão.

— E no que mais então?

— Posso dizer que ele está deprimido por sua expressão facial.

Para um paciente com um tubo de respiração na traqueia, que não pode caminhar, com 23 quilos a menos e que não sabe em que mês e em que ano está, onde está, nem o nome da própria filha, a falta de apetite e sua expressão facial indicariam que seu problema é *depressão*?

Demitido.

Uma semana depois, contrato um psicólogo perdido, cujo discurso rápido e entre os dentes, bem como a recusa em manter contato visual com Scott, torna impossível, para ele, entender as suas instruções de teste, deixando-o frustrado e zangado.

Demitido.

Depois do contratempo no Laboratório de Deglutição, procuro a enfermeira que o mandou ao andar superior sem as devidas precauções, a mesma enfermeira responsável pelo seu caso na noite em que ele foi admitido, quando caiu da maca.

Demitida.

Dessa forma sou capaz de manter minha crença em sua recuperação no prazo de um ano.

Nem sempre fui inequivocamente otimista com relação a ele. Seu reaparecimento em minha vida em 1984 me deixou cheia de conflitos. Na juventude, partimos em direções opostas e andamos tanto e tão longe nos caminhos que escolhemos que, pelas meras regras de geometria, deveríamos estar em mundos à parte. Mas quando eu o descobri esperando por mim no aeroporto de Denver em setembro de 1984, a antiga atração foi mais forte do que nunca.

Várias semanas antes, eu tinha aceitado uma oferta de última hora para ser escritora convidada residente na Universidade do Colorado, na cidade de Boulder, meu primeiro emprego universitário com salário integral, juntamente com benefícios e mais o usufruto de um pequeno chalé no alto da montanha. Da outra vez que Scott ligou me convidando para jantar fora em Nova York e tive de recusar porque estava de mudança, ele, galantemente, se ofereceu para esperar meu voo em Denver e passar o fim de semana ajudando na mudança. Uma vez que ele morava mais ou menos a meio caminho entre Nova York e Boulder, imaginei que para ele faria pouca diferença se me cortejasse vindo do Leste ou do Oeste. Contudo, as coisas não se passavam dessa forma para mim, para quem seu oferecimento produziu uma crise menor: quão tentador seria afundar na luxúria de suas atenções e permitir que me salvasse... Mas tendo acabado de me livrar de um marido e um amante, não seria covardia mergulhar em um novo relacionamento antes de ver o que o Colorado tinha a oferecer? Embora doce e de certa forma comovente, Scott era provinciano e provavelmente chato — talvez tão inapropriado para mim, de forma oposta, quanto o amante de quem acabei de escapar. Quando saímos de Denver para Boulder em um carro de aluguel, fiquei aliviada ao ver que, diferentemente de meu marido, que era um demônio ao volante, Scott era atencioso, cuidadoso, confiável. Mas seriam essas características adequadas ao corajoso ativista aventureiro que eu mesma moldara? Apesar de minha ambivalência, ficamos tão absortos na conversa que perdemos a saída — como invariavelmente o faríamos todas as vezes que pegávamos juntos a estrada. Ok, não era chato.

Tudo ali era novo para mim. Aos 52 anos, nunca antes havia alugado uma casa por conta própria (o tempo que passei sozinha na casa de veraneio do Maine não conta, porque em anos anteriores sempre fui para lá com a minha família); nunca tinha escalado uma montanha ou visto um deserto. E agora, sentada no terraço de um café iluminado pelo sol, respirando o ar rarefeito da montanha e consumindo croissants folheados que derretiam na boca com camadas perfeitamente superpostas, eu estava sendo instruída sobre a vida nas montanhas por um membro experiente do Clube dos Exploradores. Ele estava arrumando os saleiros e os pimenteiros, o açucareiro, os guardanapos e os talheres em um diagrama de uma campina na montanha para me tranquilizar e aumentar minha confiança — uma abordagem que também era nova para mim. Durante décadas de política feminista em Nova York e de um casamento conflitante, meu estilo tinha se tornado antagônico, enquanto Scott era completamente cordato. Como reagir? Sem um adversário, onde eu iria encontrar o limite? Uma vez que eu não podia mais jogar o desacreditado jogo feminino, como poderia ganhar?

Até a hora do jantar ele me ajudou com os meus afazeres: pendurar cortinas na varanda ensolarada, consertar a cozinha e, por sugestão minha, comprar discos de música para fazer amor. Enquanto caminhávamos para a loja de discos, uma luxuriante gravação da ária de Bach em Sol encheu o ambiente. Era de uma fita composta por adágios de todos os períodos musicais. Embora eu nunca antes tivesse pensado em comprar uma compilação assim, isolando um movimento do restante de uma obra, abandonei a pureza a serviço do sexo. Menos de um dia fora de Manhattan e eu já estava... *Comprometendo os meus princípios* ou *relaxando*? Como eu poderia dizer?

Na segunda-feira, dia em que Scott ia partir, o departamento de inglês estava dando uma festa para o corpo docente. A família e os amigos foram convidados, mas eu estava tão ansiosa por parecer autônoma que perguntei a Scott se ele se incomodaria em me deixar longe da porta e me encontrar mais tarde, como se estivéssemos tendo um caso proibido. Este homem agradável escolheu desculpar minha ambivalência ao pôr de lado meu comportamento como mera excentricidade e condescendeu.

Da mesma forma como agora estou decididamente dedicada a fazer Scott recuperar a saúde, ele, na época, estava empenhado em me ganhar. Perseguiu-me com gestos românticos tradicionais que primeiro julguei ridículos, depois admiráveis e, finalmente, irresistíveis: os telefonemas à noite, as rosas entregues semanalmente em meu chalé, as viagens de fim de semana a Santa Fé, Nova Orleans, São Francisco e, durante o feriado do Natal, direto para Jerusalém — um lugar que eu nunca imaginara visitar até que ele apresentou as passagens como um ato de solidariedade para com minhas raízes étnicas.

Os gastos com essas viagens, com que eu mesma não podia arcar, se tornaram tema de difíceis negociações. Ele teria preferido pagar todas as contas, mas para mim, comprometida com a igualdade, tal arranjo teria sido hipócrita. Em vez disso, elaboramos um plano em que eu contribuía com um terço e ele, dois terços de nossos gastos do dia a dia, aproximadamente a mesma proporção de nossos rendimentos — e, pelo que se viu depois, também de nossas posses. Esta difícil experiência foi nos aproximando sutilmente cada vez mais de...

O quê? Certamente não de um casamento, a que ambos tínhamos renunciado. Além disso, eu ainda não estava divorciada. O que então? Morar juntos? Cedo demais para isso. Talvez algum compromisso provisório ou condicional...?

Enquanto tomávamos uns drinques no resort israelense na cidade de Eilat, Scott limpou a garganta e pegou minha mão, para declarar: "Se você decidir que gostaria de se casar, quero que saiba que estarei disposto a isso." A seriedade de suas intenções para comigo era lisonjeira, me deixou sem fôlego, mas mesmo assim hesitei.

Ele não disse mais nada. Sem se sentir ameaçado por meu feminismo, de fato excitado com isso, pediu uma cópia de meu plano de estudos para o curso de Introdução à Literatura Feminina, e, semana após semana, avidamente, leu meus trabalhos de sala de aula: Virginia Woolf, Zora

Neale Hurston, Maxine Hong Kingston, Marilynne Robinson, Alice Walker, Alice Munro. Ele era o meu aluno mais apaixonado. Noite após noite, pelo telefone, nossa conexão se tornou mais forte, à medida que buscamos os sentidos de amor, sexo, dinheiro, igualdade e agora também literatura.

Viva o namoro a longa distância! — a melhor maneira de chegar a conhecer uma pessoa sem se precipitar. Uma forma de assegurar que, embora ele fique sem fôlego, você será capaz de respirar. Uma forma de calcular de antemão pequenas falhas potenciais de maneira tal que, quando você finalmente encher os pulmões até a capacidade máxima e mergulhar, possa voltar à tona em tempo recorde e começar a nadar.

Talvez todo romance seja essencialmente a mesma coisa, com seus estágios, análogos aos da morte e do luto. O começo, a primeira impressão. A fase do namoro intenso, com sua fantasia e suas promessas. O período de julgamento racional: quem é essa pessoa? Como isso pode durar? O período de ambivalência apreensiva e experimental, quando elação e ansiedade alternadamente vêm à tona como as poderosas pás de um moinho de vento sacudindo o ar. A experiência hesitante. Em seguida, o derradeiro teste, a tentativa de rompimento, com lágrimas e saudades, a que, se sobrevivermos, leva diretamente à... consumação, com o compromisso do amor eterno.

Dados os nossos longos períodos de separação, levou um tempo até completarmos todos os estágios — tempo bastante para que, quando meu emprego temporário em Boulder acabou, Scott estivesse pronto a me seguir para Nova York.

Se ele estava querendo modificar sua vida inteira para ficar comigo, o mínimo que eu poderia fazer seria guardar para mim mesma minha ambivalência recorrente. Enquanto eu parava um tempo, passando um verão sozinha no Maine, meu amante decidido conseguiu ser transferido para o escritório da firma em Nova York, no topo do World Trade Center; e quando o tempo mudou, ele já estava procurando um loft no centro da cidade para servir de local onde, a uma distância de caminhada de seu escritório, pudéssemos juntar os vários valores de duas vidas diferentes e juntos tentar combiná-los.

Em uma quarta-feira à noite, na última semana de setembro, 11 semanas depois do acidente, quando estávamos terminando nosso jantar no quarto de Scott, Philip, o assistente social, se junta a nós para anunciar que dez minutos antes, em uma reunião de trabalho, a data de alta de Scott tinha sido marcada para a sexta-feira, com uma importante recomendação de 24 horas de assistência domiciliar.

Sexta-feira! É depois de amanhã! Não tem nada pronto!

Volto-me para Philip:

— Como pode fazer isso? Você disse que eu saberia com duas semanas de antecedência, não dois dias! — As lágrimas brotam dos meus olhos.

Philip parece genuinamente embaraçado. — Não se preocupe — diz, gentilmente.

Não me preocupar? Mas estamos completamente despreparados. Não há barras de apoio no chuveiro, não tenho ideia de que outro equipamento precisaremos, nenhum lugar preparado para a auxiliar; nem ao menos tinha começado a procurar a pessoa certa.

— Não tem problema — Philip me tranquiliza. — Posso fornecer uma lista de agências que lhe mandarão alguém no dia seguinte.

— Sem uma entrevista? Não posso contratar alguém que eu não tenha entrevistado para morar conosco.

Ele coça a cabeça. Evidentemente, nunca ouviu falar de uma entrevista prévia. — Se não gostar de quem eles mandarem, eles enviam outra pessoa. Ou você contata outra agência.

Scott está ficando agitado, vendo minha aflição. Então chamo Philip para me seguir até o corredor, onde direi exatamente o que penso dele e de sua política de expulsar um paciente que está melhorando sem avisar com antecedência.

— Como pode tratar as pessoas com tanta crueldade?

— Mas eu lhe asseguro, não estamos tratando seu marido diferente de qualquer outra pessoa. Este é o procedimento operacional padrão.

Cada palavra que ele diz só aumenta a minha revolta. — Precisamente! — zombo dele.

Mas Philip não é o culpado. Embora ninguém admita isso, as rodas da alta hospitalar tinham sido ativadas pelas estritas regras dos reembolsos por serviços pagos à rede pública de saúde, e uma vez acionadas não podem ser detidas, apenas, por vezes, um pouco retardadas. Fico grata quando o representante do paciente junto ao hospital me passa furtivamente um número de telefone e as palavras mágicas que devem ser ditas para obtermos uns poucos dias de prorrogação.

Novamente, me entrego à ação, telefonando, entrevistando, dando ordens, tomando providências — embora estes poucos dias extras quase não sejam suficientes para se preparar para uma transição tranquila para casa.

Scott detecta minha ansiedade. — Eles estão me mantendo prisioneiro aqui — me confia, na manhã seguinte a minha chegada. Então baixa a voz para perguntar:

— Você sabe onde estão mantendo os reféns?

Tento tranquilizá-lo. — Não há reféns. Você não é um prisioneiro. Logo iremos para casa. Isso não é uma prisão.

— Nesse caso, vou ao saguão ver o gerente deste hotel. Insisto em ver o gerente! — E, pela primeira vez, violando as regras de responsabilidade determinadas pelo hospital, ele abandona a cadeira de rodas a que ficou confinado, exceto quando acompanhado por um fisioterapeuta, e sai de repente do quarto desassistido.

Eu o sigo pelo corredor:

— Espere! Aonde vai?

Firmemente, fugindo ao meu alcance:

— Vou dar um telefonema para Manila.

— Mas querido, estamos em Nova York, e isto é um hospital.

Ele abana a cabeça e diz:

— Sou o juiz supremo de todas as ideias erradas.

É na última sessão com a fonoaudióloga que ele dá o primeiro sinal de ter consciência de que algo pode não ir bem com ele. No vocabulário poético de sua afasia receptiva, tão distante de sua permanente concisão verbal, ele pergunta à terapeuta:

— Você tem alguma palavra de bom senso que faça evaporar todas essas doenças? — e — Algum dia chegaremos ao fim deste trabalho difícil?

A consciência que ele tem de que algo está errado, chamada insight no glossário do dano cerebral, é considerada um sinal de cura, que conduz ao seguinte paradoxo: quanto mais insight adquire, mais triste ele se sente — e quanto menos insight ele adquire, mais triste me sinto.

Nos últimos dias em Rusk, os fisioterapeutas e terapeutas ocupacionais de Scott me proporcionaram um rápido treinamento em como ajudá-lo a transpor degraus, entrar e sair de táxis, movimentar-se com segurança dentro e fora do chuveiro, manejar uma bengala, um andador, uma cadeira de rodas — até que, mais ou menos no fim da semana, embora eu esteja cheia de indecisões e medo, sinto ao mesmo tempo uma vontade quase irresistível de levar essa odisseia até o próximo nível e ver o que acontece quando voltarmos...

QUATRO

Em casa

Em casa! Nada mais de camas separadas ou noites distantes um do outro, nada mais de telefonemas angustiantes no meio da noite. Agora eu tenho controle exclusivo. Para algumas pessoas, esta pode ser uma perspectiva assustadora, mas sempre apreciei o controle como forma pessoal de enfrentar a contingência. Embora o preço seja alto — estar vigilante 24 horas por dia e ser a única responsável pelo que possa dar errado —, vale a pena poder assumir total controle de sua recuperação.

Abro a porta, enquanto Bárbara — uma enfermeira domiciliar altamente recomendada que cuidou dos pais de um amigo até eles morrerem — empurra a cadeira de rodas de Scott para o interior do loft, o mesmo em que vivemos por duas décadas. Procuro em seu rosto algum sinal de reconhecimento. Será que nota a cama de hospital em frente à janela na qual minha esteira costumava ficar ou o vaso sanitário portátil recém-instalado ao lado de nossa cama? Ou que todos os tapetinhos e mesinhas foram removidos para ele não correr o risco de tropeçar, substituídos por sua poltrona de couro favorita, que eu trouxe de seu estúdio? No momento em que olha em volta, desnorteado, duvido.

O cuidado meticuloso com cada detalhe — qualidade que o fez chegar ao final do curso de pós-graduação, serviu de base para uma carreira financeira bem-sucedida e o transformou em um artista de sucesso — está agora tão além dele que, em um exercício padrão de construção da atenção, projetado para o cérebro lesado, que exigia que sublinhasse cada ocorrência das palavras *se* e *e* em um simples texto, ele deixou de fazê-lo em mais da metade dos casos.

Alto e espaçoso, com uma parede contendo oito janelões e um velho assoalho de carvalho perfeito para se dançar, nosso loft, transformado a partir de uma oficina gráfica do fim do século, é tão aberto e acessível quanto nós mesmos desejávamos ser em 1986, quando nos mudamos para cá. Assim que acabou minha indecisão de morarmos juntos, Scott contratou várias imobiliárias de Nova York para reunir possibilidades e viajou para a cidade durante dois fins de semana plenamente dedicados à procura de um loft. Com sua habitual presteza de executivo, ele planejava diminuir o leque de opções antes que eu voltasse do Maine.

Combinando seus altos padrões estéticos com minhas exigências de ter um espaço privado inviolável para trabalhar e de que eu pudesse pagar minha parte, Scott tinha reduzido a três as opções, quando retornei à cidade em setembro. Tínhamos quase nos decidido por um grande apartamento precisando de reparos, perto de Chinatown — cuja principal qualidade era a de ter, contíguo a ele, um pequeno apartamento separado, com uma entrada própria, que poderia servir como meu espaço de trabalho —, quando Scott concordou em deixar a corretora nos mostrar mais um loft que ela não tinha podido agendar antes.

Quando entramos, sabíamos que era aquele. Banhado pelo sol da tarde, novo em folha e elegante, com tetos altos arqueados, graciosas colunas e uma encantadora parede abaulada, era basicamente um único grande cômodo. O único espaço completamente fechado era o banheiro. De propriedade de um jovem arquiteto talentoso que trabalhava para o renomado I. M. Pei e que ele mesmo projetou, não precisava de mais nada além de uma demão de tinta e algumas estantes de livros antes que pudéssemos nos mudar.

— Fiquem com ele! — sussurrou nossa amiga Susan quando entrou.

Eu estava dividida entre a beleza e a praticidade, o prazer e a privacidade.

— Não se preocupe, construiremos um cômodo só para você — prometeu Scott, que tinha estudado arquitetura em Harvard. Mas, à semelhança de um poema escrito com rigor, o espaço era perfeito demais para arriscar estragá-lo com uma mudança injustificável.

Meu casamento anterior tinha afundado no silêncio e no segredo. No fim, havíamos construído um muro dividindo nossa vida em dois. Agora, me agarro ao sonho de construir minha vida com Scott na base da franqueza e da confiança. Talvez devêssemos nos esquecer de construir paredes. Poderia alguém viver baseado em um sonho? Irrefletidamente, em um rasgo de audácia e fé, decidi arriscar.

Nós nos mudamos para o loft em outubro, decorando parte com os objetos dele e parte com os meus. Não que tomássemos nossa situação de ausência de paredes como um decreto para misturarmos as nossas vidas. Ao contrário, continuamos a imergir em projetos tão particulares que o outro dificilmente sabia o que eles eram até que estivessem concluídos — e, por conseguinte, cada um de nós se tornou o fã mais ardoroso do outro. Foi assim que em cada lugar vazio ao longo das paredes de nosso loft e em todos os peitoris repousaram as esculturas de Scott feitas em mármore, alabastro, madeira ou bronze, admiravelmente organizadas por mim; e em uma estante de livros fechada com vidro entre duas janelas fica uma prateleira com cópias de meus livros publicados, encadernadas em couro e com borda dourada, uma de cada, a maior parte encomendada por ele. Compartilhávamos nossos jantares, caminhadas, fins de semana, viagens e a cama, mas os nossos dias e os pensamentos permaneciam nossos. Minha fé não se perdeu: rapidamente o loft inteiro se tornou o meu lugar de escrever, ao menos das oito da manhã, quando Scott conscienciosamente deixava o apartamento, até as cinco da tarde, hora em que retornava — mesmo depois que ele trocou seu escritório no World Trade Center por um pequeno ateliê de escultura. Desde então, exceto quando fomos embora, dificilmente se passava um só dia e certamente nem uma semana sem que nos sentássemos em um sofá no começo da noite para nos deleitarmos na nudez de nossa sala gigantesca, assistindo ao sol poente a espalhar sombras moventes de nossas plantas e lanternas de papel japonesas sobre a única parede curva — até agora.

A campainha toca. Carregando uvas e grandes quantidades de sushi, nossos queridos amigos Ann, Danny e Linda chegam para celebrar a volta para casa. Scott, cujas habilidades sociais permaneceram intactas embora suas habilidades cognitivas tenham falhado, automaticamente assume seu papel de anfitrião agradável. De sua cadeira, oferece bebidas e fala bobagens, para divertir, como se nunca tivesse estado ausente. De fato, ele não tem lembrança de ter estado ausente. Na primeira menção à palavra *hospital*, onde acabou de passar três meses intensos, ele, perplexo, pergunta:

— Que hospital?

Escolho interpretar este lapso como significando que o hospital agora ficou para trás. Convenço-me disso quando, à medida que a noite cai, em vez de enlouquecer, ele simplesmente vai dormir.

O sistema de assistência delineado pelos médicos segue os limites de reembolso do plano de saúde: sessenta dias de terapias em domicílio — fisioterapia, fonoaudiologia e terapia ocupacional —, depois ele deve ser reavaliado, seguidos de terapias ambulatoriais, desde que o paciente continue a melhorar. Os médicos também prescreveram, e o plano de saúde irá cobrir, enfermeiras em domicílio dia e noite por sessenta dias no máximo.

As assistentes logo se tornaram minha nêmesis. Não apenas porque eu relutava em arriscar a recuperação de Scott ao delegar o tratamento dele a completos desconhecidos, mas, tendo sempre me sentido profundamente desconfortável com a ideia de qualquer espécie de ajuda na administração da casa, como podia de repente convidar pessoas de fora a entrar em nossas vidas para nos servir — e em um momento em que estamos tão vulneráveis? Desgastada pela "assistência" 24 horas, não sei o que fazer com estes estranhos em nosso meio, da competentíssima Bárbara, que vem todos os dias da semana entre as duas da tarde e as sete da noite, às assistentes, sempre diferentes, que uma agência manda para cobrir o turno da manhã, os fins de semana e, o que é pior, as noites, quando alguém se senta no escuro ao lado de nossa cama nos olhando dormir. Estou atormentada por sua invasiva e constante presença, oprimida por seus olhos sempre observadores. Uma vez iniciadas as terapias, três vezes por semana, além das enfermeiras, assistentes e do flebotomista que tira o sangue de Scott todas as manhãs bem cedo para testar seu tempo de coagulação, para determinar a dose correta de seu anticoagulante, nosso loft parece a Grand Central Station. Privada de sono e tensa, pulo como um nervo em um dente estragado quando a campainha da porta grita.

Mas não posso fazer tudo eu mesma; inquestionavelmente, preciso de ajuda, nem que seja só para vigiar Scott enquanto estou no banheiro, falando ao telefone ou fora, comprando comida. Apenas enquanto ele tira uma soneca às vezes, dou uma escapada até minha escrivaninha para atacar uma pilha cada vez maior de contas, relatórios e formulários de seguro, fingindo ser invisível por uns poucos minutos a cada vez. Se eu ficar muito tempo sentada a minha mesa, ele irá dormir demais, e eu terei a sensação de estar sendo negligente por não mantê-lo, como prescrito, "alerta e estimulado".

Espero ansiosa pelo momento em que os ajudantes que pairam a nossa volta vão embora e por um breve intervalo de tempo entre dois turnos nos deixem a sós — tanto quanto antes, ansiosamente esperava pelo momento em que ele mesmo saía às oito horas, todas as manhãs, para cumprir seus mantras: *fora daqui*! E *realize a coisa*. Como era o caso em tudo que ele fazia, era em parte para mim e em parte para ele mesmo que me deixava sozinha. Na mesma semana em que conseguiu sua tão planejada aposentadoria precoce do mundo das finanças, aos 58 anos de idade, começou a projetar, desenhar e então, com a ajuda de um carpinteiro da ilha, construiu para mim um estúdio no promontório em Maine, para assegurar minha privacidade mesmo quando ele estivesse presente. Isso feito, se voltou diretamente para suas ambições há muito adiadas: encontrou um ateliê de escultura, não longe de nosso loft, que dividia com outras pessoas, onde passava oito, por vezes dez horas ao dia, transformando grandes blocos de mármore em esculturas que desde o começo caracterizaram seu estilo inconfundível. Com cuidado para não invadir o espaço um do outro, desenvolvemos maneiras de estarmos ao mesmo tempo juntos e afastados, contrapartes perfeitas na autossuficiência.

E agora nossa solidão e nossa liberdade ficaram reduzidas a meras abstrações, porque toda a privacidade foi destruída, e sua incapacidade o torna completamente dependente, aprisionando nós dois.

Poderia, conforme sugeriram alguns amigos bem-intencionados, ter me libertado entregando-o aos cuidados de outra pessoa? ("Você não tem que deixar que ele lhe puxe para baixo com ele"; "Um acidente não deveria arruinar duas vidas", eles disseram, tentando me proteger.) Não, eu não poderia. Durante o primeiro ano após o acidente (crítico), minha única missão, inquestionável e inexaminável, é maximizar sua cura, supervisionando a recuperação nos mínimos detalhes. Não tenho tempo, interesse ou energia para mais nada. Se consigo um instante para ler, leio sobre LCT, lesão cerebral traumática. Leio memórias de pessoas que se recuperaram o suficiente para escrever um livro sobre o assunto. Se folheio um jornal, meu olhar infalivelmente desenterra a reportagem a respeito de sobreviventes de derrames, ataques cardíacos, tumores cerebrais ou acidentes, que de repente despertam depois de anos em coma ou recuperam a capacidade perdida de falar para viver satisfatoriamente e fecho os olhos às histórias ocasionais daqueles, frequentemente personalidades, que nunca mais acordam.

De qualquer forma, quer eu goste quer não, ele não permitirá que ninguém, exceto eu, entre com ele no banheiro; ninguém melhor do que eu sabe o que ele gosta de comer; somente eu posso detectar mudanças sutis em sua condição e adivinhar as suas necessidades. Ele é meu e eu sou dele; todos os outros são intrusos, a quem nunca irei confiá-lo e de quem mal posso esperar para me ver livre.

A recuperação exige que Scott continue a expandir seus limites. Sob a orientação de sua criativa fisioterapeuta, Ilsa Sandel, que vem ao nosso apartamento três vezes por semana, ele começa a se movimentar com mais confiança. Apesar da dificuldade de andar com o pé esquerdo, que faz com que os dedos toquem o chão antes do calcanhar, fazendo-o arrastar os pés perigosamente, ela rapidamente elimina a cadeira de rodas, o andador, a bengala. Em seguida, tirando proveito de seu amor pelo basquete, constrói um aro a partir do fio de arame de um cabide, pendura-o no meio do teto e lhe oferece uma bola grande, macia, para arremessar no aro, para alongar a coluna e melhorar o equilíbrio. Dessa forma, nosso loft, que, ao longo dos anos, acomodou encontros, danças, salões, recitais de livros e festas beneficentes, acrescenta a seu currículo uma quadra de basquete. Por volta da segunda semana, Ilsa está pronta para nos levar para o lado de fora. Estou surpresa, tendo, de forma indiscreta, suposto que ele estava fraco demais para sair do nosso loft. A cada passeio, ela consegue nos levar um pouco mais longe, assinalando todos os degraus, bancos e irrigadores de superfície plana onde Scott pode sentar para descansar, até que finalmente, um dia, com muitas paradas ao longo do caminho para repousar, caminhamos até o seu estúdio em Union Square, a oito quadras de distância.

No estúdio, tudo está como era. Décadas de trabalho cobrem cada superfície, cada parede. Ouvindo-o responder às perguntas de Ilsa de maneira convincente, como se ainda fosse um artista na ativa que nunca tivesse sofrido uma queda quase fatal, estou confiante em que ele possa um dia se recuperar o suficiente para voltar a seu estúdio e retomar a criação artística — se não sozinho, com um ajudante. A pergunta crucial que cada médico e terapeuta faz, a questão central da reabilitação, cuja resposta determina o curso do tratamento, é: quais são os seus objetivos em relação à recuperação dele? A isso, invariavelmente respondo: que ele seja novamente um artista. Já que organizou sua vida para viver de arte, acredito que a arte seja a chave de sua reabilitação, não importa quanto tempo isso leve.

Numa terça-feira, em meados de outubro, por insistência de Ilsa, providencio para que nossa boa amiga Susan nos encontre para almoçar em um restaurante a uma quadra e meia. Isso está longe das saídas semanais para recantos distantes da cidade que principiamos logo depois que ele se tornou um artista, quando, ao invés de folgar nos fins de semana, tínhamos um "encontro" regular às terças-feiras para pegar o metrô em direção a algum bairro desconhecido e explorar as ruas à maneira de turistas, examinando os artigos locais e a culinária étnica, e voltávamos para casa para uma noite de dança e de amor. Mas em alguns aspectos a saída de hoje é muito mais arriscada. Para o cérebro lesionado, esperar uma hora até o fim de uma refeição em um restaurante de Nova York, com as costas machucadas e um cérebro bombardeado por estímulos, pode rapidamente resultar em uma sobrecarga catastrófica, levando a uma exaustão ou a um colapso. Os sons, o movimento, as luzes, a conversa, as pessoas, o cardápio, os garçons, a comida, tudo isso pode ser demais para uma sessão. Mas em nome da expansão de seus limites, vou arriscar.

Pouco depois do meio-dia, nós nos colocamos a caminho. Agasalhado, arrastando o pé esquerdo, este atleta, que aos 60 anos por duas vezes disparou em incrível perseguição a adolescentes batedores de carteira, caçando-os por muitas quadras até o fim, em vez de ser perseguido, apenas consegue, com a minha ajuda, atravessar uma avenida e duas ruas laterais, transpor a calçada lotada e descer os quatro degraus do restaurante sem contratempo.

Do lado de dentro, Susan nos recebe com excitação. Empilhamos todos os nossos casacos nas costas da cadeira de Scott para melhor acolchoá-la. Como que o cardápio parece ser muito confuso, faço o pedido por ele. Susan e eu conversamos, como se este fosse um almoço normal, mas estou dolorosamente consciente da diferença. Visto que o propósito de tudo o que faço é testar seu efeito em Scott, outras atividades — tais como almoçar com uma amiga ou fofocar — soam como mero simulacro de vida normal, que começou a parecer irreal para mim. Nada do que eu faça ou diga pode fazer a realidade coincidir com o fingimento ou esconder a diferença entre quem sou agora e quem eu era antes. É como se houvesse uma tela invisível entre mim e o mundo.

Uma vez que os nossos pedidos chegam, a impaciência de Scott, conforme previsto na LCT, começa a aumentar.

— Onde está nosso garçom? Por que está demorando?

Mas ele come com energia, encarando dois pratos antes que a experiência de tanto estímulo, finalmente, o vença. Pulamos a sobremesa e peço a conta. Quando chegamos à casa, ele já esqueceu o passeio inteiro, mas esta é mais uma etapa no caminho da normalidade, e eu estou tão excitada quanto uma mãe no aniversário de um ano de seu filho.

Depois que a enfermeira da noite cochilou por duas noites seguidas (fato que posso observar porque, de acordo com a análise dela, não posso adormecer), tenho uma desculpa para mandá-la embora. Em seguida, resgato nossos fins de semana. Depois, dispenso a enfermeira da manhã, sempre diferente, e finalmente, quando Scott se torna capaz de caminhar sem precisar de alguém constantemente a segurá-lo pelo braço, dispenso até nosso esteio, a Grande Bárbara, como Scott a chama, que depois de vários meses se tornou nossa amiga e de cujo nome ele às vezes se recorda. Em pouco tempo, as terapias em domicílio também funcionaram e temos umas poucas semanas preciosas de privacidade antes de começarem as terapias ambulatoriais. Finalmente, com a campainha da porta e o telefone silenciosos, celebramos nossa recém-conquistada liberdade indo dormir tarde.

Muito entusiasmada, retomo a tarefa de cozinhar, que por muito tempo foi minha forma especial de meditação — não apenas nossos jantares, como antes, mas agora também nossos cafés da manhã e almoços, que tomamos na longa mesa de carvalho, Scott sempre o maior apreciador. Apenas quando assumi sua tarefa de lavar a louça, que ele sempre teve orgulho em cumprir em nome da igualdade doméstica, pareceu decepcionado. Mas eu não tinha escolha: lavar pratos agora é uma tarefa complexa demais para ele administrar.

Às vezes, à tarde, cantamos e dançamos música lenta. À noite, travesseiros empilhados atrás de nós na cama, assistimos a filmes antigos na TV. E daí se ele não consegue entender a trama, desde que possa permanecer alegremente ao meu lado na cama, segurando minha mão, enquanto os rostos familiares cintilam ao longo da tela, como se fôssemos crianças na fila de trás do cinema Cedar & Lee em Cleveland Heights? Quando estamos enlaçados, com tigelas de sorvete de iogurte, descubro que há muito mais para apreciar em um filme do que o seu entendimento. Se não tem importância para ele o fato de não saber o que está acontecendo e esquecer o filme no minuto em que acaba, não me importa que os meus comentários irônicos saiam de sua cabeça. Na verdade, ele nunca foi muito crítico. Quando beija a minha mão e diz pela centésima vez "Não posso acreditar em quanta sorte temos", sei que não é a lesão do cérebro falando, porque neste momento sinto o mesmo.

O ideal de assistência a que aspiro é o contrário do asilo. Sem remédios, sem longas sonecas. *Não* vou permitir que ele passe seus dias a cochilar, embora se fosse deixado por conta própria, nada mais fizesse. Eu o *colocarei* de novo em pé e entrosado. Para os oito meses que faltam para completar este ano de recuperação, invento sistemas para mantê-lo alerta e exercitado. Ao invés de táxi, eu o levo para as terapias de metrô, forçando-o a subir aqueles desafiadores degraus da escada e evito sua queda quando o trem se move reivindicando corajosamente um dos assentos reservados aos deficientes. Insisto, quando é possível, em caminhar até a biblioteca, o mercado, a locadora de vídeo, os restaurantes, levando-o ao limite, e uma vez que ele é alcançado, eu o deixo recuperar o fôlego em um café ou em um parque antes de conduzi-lo para casa. Lembro a ele de *colocar o calcanhar, não os dedos, à frente* de seu pé esquerdo, que se arrasta, e de *dar passos largos*, como prescreve Ilsa. Eu o seduzo ou intimido com sessões diárias de desenho, tendo ele assinado um "pacto" de dez minutos de arte por dia. Arrumo os materiais, aciono o timer da cozinha e considero um sucesso se ele se sentar à mesa de arte até o timer tocar, mesmo que simplesmente rabisque. Juntos, cumprimos a agenda diária e o mapa de atividades dado pela terapeuta ocupacional. À noite, ligo a TV para ele assistir aos seus times de basquete preferidos e lhe dou os fones de ouvido na esperança vã de que, assim como no passado, ele assista ao jogo sozinho e me deixe ler. Quando isso não dá certo, desisto e assisto junto com ele.

A fisioterapeuta Frania Zins, que pratica um tipo delicado de manipulação do corpo, chamado Método Feldenkrais, é considerada um gênio na compreensão do corpo lesionado. Recomendada a nós por um amigo cuja dor crônica ela curou, Frania rapidamente faz com que Scott caminhe por quarteirões seguidos sem arrastar muito seu pé esquerdo e sem a dor nas costas de que padece desde a queda. Analisando seus movimentos peculiares, consequência não apenas de suas lesões, mas também de meses de imobilidade infligida pelo hospital, Frania identifica a região central de seu problema como sendo a pélvis. Ela planeja um exercício que implica balançar a pelve suavemente para a frente e para trás dez vezes, primeiro sentado, depois em supino, que eu acrescento a sua rotina de exercícios matinais. Ele chama a isso *fucky-fucky*.

Debilitado demais para reconhecer seus benefícios, ele resiste a todo exercício, inaugurando a primeira brecha em minha dedicação. Só irá se exercitar se eu me juntar a ele. Em vez de começar o dia com um desentendimento, sento ou fico ao seu lado na cama em minhas roupas de dormir, junto as escápulas, dobro as pernas e rolo a pelve ao seu lado. Então acontece de uma manhã progredirmos suavemente do exercício de *fucky-fucky* para o de fazer amor.

Este efeito me pegou completamente de surpresa. Eu tinha aceitado que o sexo havia acabado e francamente não me importava. A partir do instante em que Scott sobreviveu miraculosamente e dali em diante até sua recuperação parcial e gradual, seu corpo quebrado se tornou para mim paradoxalmente ao mesmo tempo mais precioso e menos acessível, como um tesouro frágil embrulhado em papel de seda que a gente desembrulha cuidadosa e raramente, por medo de danificá-lo. O sexo, que ao longo dos anos tinha diminuído gradativamente enquanto elemento frequente em nossa vida, pareceu uma perigosa frivolidade, fazendo essa erupção espontânea parecer uma viagem da memória. Começando em 1950 naquele motel de Cleveland quando tínhamos 17 e 20 anos, nossas relações sexuais eram secretas, tensas e rápidas — nem melhores nem piores do que podíamos esperar, dada a nossa falta de experiência e a época. Mas, por volta da década de 1980, quando Scott reapareceu em minha vida, estávamos na faixa dos 50 anos, e as revoluções culturais das décadas de 1960 e 1970, inclusive a "revolução sexual", presumivelmente tinham ensinado a cada um uma ou duas coisas. Em uma de suas primeiras visitas em Nova York, depois de um longo almoço italiano no Grand Ticino (que agora não existe mais), durante o qual genialmente flertamos enquanto bebericávamos vinho tinto e fingíamos ser velhos amigos que se reencontram, o convidei a voltar ao meu apartamento vazio em Washington Square. Mal a porta se fechara atrás de nós quando, ali mesmo, no hall de entrada, ele pressionou uma mão contra a parede e a outra na parte inferior de minhas costas para me puxar para si enquanto aplicava em meus lábios um beijo tão mais ardente do que eu estava pronta para receber, por nossa brincadeira na hora do almoço, um beijo irreprimível e comovente que me deixou completamente desestabilizada. Eu o senti em meus joelhos e nos dedos dos pés. Quem era este homem? O que ele esperava de mim? Por este beijo, eu percebia que, fosse ele quem fosse, não era, como eu imaginava, alguém com quem se pudesse brincar ou passar o tempo.

Não que eu me abstivesse dos prazeres do flerte e da conquista, que, antes do movimento feminista, tinha sido meu excitante substituto do sexo gratificante e, depois do movimento, se tornou um tira-gosto e um aprimoramento de minha recém-adquirida satisfação sexual. Mas eu podia ver que ele era sério demais, precioso demais e, como rapidamente percebi, vulnerável demais para um simples namorico. Isso me confundiu. A combinação entre boa aparência, educação de Harvard e realização material fez com que inicialmente ele parecesse a espécie de homem que poderia conduzir uma mulher antagônica a uma travessura difícil, desafiadora. Mas em um instante aquele beijo neutralizou os adereços externos do macho alfa e o expôs. Isso me alertou para o fato de não começar algo que eu não sabia como iria terminar (embora, quando leio para ele essa passagem, ele insista em que foi ele quem começou algo — que não tinha tido nenhuma intenção de terminar). Apesar de meus receios, naquela tarde fomos direto do hall de entrada para a minha cama.

Naquele tempo, ele e eu vivíamos em diferentes mundos sexuais; ele, ainda preso na cultura sexual do meio-oeste da década de 1950; eu, saltando pela exuberante paisagem aberta pelo movimento feminista da década de 1970.

Eu tinha casado e dado à luz dois filhos antes de a era do movimento começar — uma era marcada por um duplo padrão segundo o qual as viúvas deveriam permanecer fiéis mesmo a maridos abertamente infiéis. Não foi por isso que fugi de Ohio para Nova York. Uma vez que descobri que meu marido na época tinha começado uma série contínua de casos pouco depois do nascimento de nosso segundo filho, não vi razão para abrir mão do fascínio que irrompia por toda parte ao meu redor. Embora dez anos mais velha que os jovens "liberados" da contracultura, eu não parecia pior nem tinha menos afã do que eles — e mais, com a minha margem de experiência, eu contava com uma habilidade que lhes faltava. Então por que perder aquilo que a nova cultura tinha a oferecer? De início, restringi minhas investidas neste mundo excitante às vezes em que meu marido estava ausente, tendo seus casos; depois, conforme fui ficando cada vez mais decepcionada com o meu casamento e encorajada pelas ideias marcantes da liberação de mulheres, eu as reivindiquei para mim mesma.

Depois que passei anos exercendo minha nova persona e que o movimento me deixou mais forte, Scott voltou em minha vida, vindo de outra era. Eu não iria nem poderia entrar em uma máquina do tempo de volta aos antigos caminhos apenas para deixá-lo confortável, tampouco poderia correr o risco de envergonhar ou humilhar este dinossauro apaixonado que tão inesperadamente me comoveu. Eu o chamo de dinossauro não porque ele seja sexualmente agressivo — o que nunca foi seu estilo —, mas porque, cavalheiro como era, ele parecia considerar o sexo uma imposição desrespeitosa para uma mulher. Esta concepção pode ter sido válida na década de 1950, quando a satisfação sexual era tão desigualmente distribuída e as consequências da transgressão podiam ser extremas, mas na década de 1980 era um estranho anacronismo.

Quando deitamos juntos em minha cama, naquela tarde, ele tentou, como em nossa primeira relação amorosa, me poupar de um longo encontro, pulando as ternas delicadezas das longas preliminares. E embora eu nunca mais parasse para fingir um orgasmo a fim de apaziguar um ego masculino, me submeti a este órgão extremamente delicado, dando instruções sutis e cuidando, como no passado distante, para não magoá-lo.

Naqueles dias de reação do início da década de 1980, eu ainda era idealista o bastante para acreditar que, com paciência e dedicação, o feminismo poderia converter boa parte da humanidade aos princípios da igualdade, um amante de cada vez. Scott, inocente e ultrapassado, era um pupilo tão entusiástico quanto eu poderia esperar. Abraçou a meta feminista como a sua própria. Prontamente acedeu as minhas exigências para alcançar o orgasmo: umas poucas tragadas em um baseado para obliterar minha autoconsciência, carinho no clitóris, a música certa e muito tempo.

Jovem, tinha dificuldades com o orgasmo. Cheguei à maturidade em uma época em que as preliminares eram a indulgência de um momento e o clímax sexual com frequência estava reservado aos homens. Sempre ansiosa por agradar meu parceiro e rapidamente chegar ao fim, aprendi a fingir o orgasmo tão logo sentisse que ele estava se aproximando. Como muitas mulheres de minha geração, eu não tinha ideia de como podia ser o gozo no sexo até os 30 anos. (Susan Sontag, minha contemporânea, relata, em um trecho publicado de seu diário, que não foi senão depois de ser mãe que ela teve seu primeiro orgasmo.) Mesmo depois que tomei conhecimento das possibilidades do prazer sexual das mulheres e mesmo nas melhores circunstâncias, o orgasmo sempre foi incerto.

Mas com Scott o sexo era diferente. Ele estava tão ansioso por me agradar que por muito tempo não precisei fumar um baseado. Embora nosso sexo não fosse nem selvagem, nem perigoso ou desenfreado, sempre era orgástico e confortável. Outros amantes que tive podem ter sido mais inventivos, excitantes e estado em sintonia com meus próprios ritmos do que ele, mas a maioria caiu na categoria "impossível" — isto é, sempre havia razões pelas quais eu não podia confiar neles ou então não queria ficar com eles por muito tempo. Talvez fossem os mesmos traços que os desqualificavam enquanto companheiros que também faziam com que fossem sexualmente excitantes. Em contrapartida, com Scott o ato sexual era terno e absolutamente confiável. Embora no começo tenha levado um tempo para fazê-lo desacelerar, ele foi o mais atencioso e cortês dos amantes desde que percebeu como me agradar. O que sempre fora meu empecilho sexual mais difícil, confiar em que meu parceiro não iria me abandonar antes de eu atingir o orgasmo, não se aplicava a ele porque eu sabia que nunca me abandonaria, e senti que poderia confiar nele com a minha vida.

Ah, os excessos da nova paixão! Lembro do verão em que alugamos juntos uma casa em Santa Fé, entre os dois anos em que ensinei em Boulder, quando Scott e eu estávamos tão enlouquecidos um pelo outro que realmente pensamos na possibilidade de ter um filho, embora eu tivesse 52 anos, com a menopausa batendo à porta, e ele tivesse feito uma vasectomia (que me assegurou ser reversível). Quando falei a meus filhos, que tinham acabado de se diplomar na universidade, o que estávamos considerando, Polly nos deu a sua bênção porque, disse, apesar de nossa idade, se algo nos acontecesse, ela poderia criar a criança, e seu irmão logo concordou.

Mas, exceto naqueles dias de namoro, quando fizemos amor todas as vezes que podíamos, e nos nossos primeiros anos de vida juntos, quando dedicávamos aquelas tardes de terça-feira ao romance, o sexo era mais um adjunto, um arrebatamento, um aprofundamento, do que o mecanismo de nossa intimidade.

Então, dois anos depois de nosso casamento (em nosso loft, oficiado por uma juíza feminista, testemunhado por meia dúzia de amigos, nossos filhos e meus pais idosos, que Scott adotou como os seus próprios) e três meses antes de eu completar 60 anos, Scott sofreu um aneurisma da aorta e toda a nossa vida amorosa mudou. Muito consciente do que eu temia perder se ele não sobrevivesse, não me importei nem um pouco com o fato de que, durante o ano seguinte, de recuperação gradual, sua compulsão por sexo diminuiu drasticamente. A minha também. Ambos entendemos que algumas coisas são mais importantes que outras.

Depois que Scott completou 70 anos, embora continuássemos a passar muito tempo dançando em nossa pista particular de dança, nosso ato sexual declinou gradualmente para, talvez, uma ou duas vezes por mês. Nada que admitíssemos formalmente, mas o fato de continuarmos adiando significava que nenhum de nós desejava mais isso. E por que deveríamos? Sabíamos que estávamos ligados por alguma coisa mais profunda e duradoura que o sexual, combinando companheirismo, respeito, lealdade, apoio mútuo, conforto e compreensão com um amor tranquilo que parecia só crescer com os anos, com ou sem sexo. Portanto, não é de surpreender o fato de que, depois do acidente de Scott, mal o tenhamos mencionado. Mas sob o impulso dos exercícios de Frania, em nossa crise repentina, o sexo saiu do retiro para entrar novamente em nossas vidas.

Como no caso do *fucky-fucky*, fazíamos quase tudo juntos. Meu propósito veemente é o de estimular seu cérebro e ajudá-lo a se recuperar, enquanto para ele, geralmente incapaz de reter novas lembranças, o que quer que façamos deve ser em prol dele. "Viver o momento" para ele não é uma meta, mas a única opção possível, a posição-padrão.

Até a queda de Scott, eu dividia a experiência em dois tipos diferentes, dos quais qualquer vida satisfatória depende: o primeiro, a experiência transitória prazerosa, sempre sensual, que se esvai com a noite; e o segundo, o tipo de experiência estável, orientada para o futuro, na qual você se baseia — trabalho realizado, conhecimento acumulado, qualificações expandidas, riquezas armazenadas. Mas em algum ponto de uma vida longa, o futuro começa a parecer cada vez mais ilusório, ou, ao menos, uma aposta ruim. Continuar acumulando conhecimentos, conservar sua visão e seu dinheiro — para quê? Neste ponto, pode ser tempo de esquecer o autoaperfeiçoamento e começar a ler apenas o que interessa; ignorar as calorias e se entupir de comida; ficar acordado ouvindo música até tarde da noite; pegar um cinema à tarde.

Comecei a pensar novamente neste dilema quando completamos os 70 anos, perguntando a mim mesma se não era tempo de começar a reequilibrar as nossas considerações, voltando os nossos olhares do futuro para o presente e passando de formigas a gafanhotos, que — convenhamos — provavelmente se divertem mais. Ainda viciada na esperança, que sempre caminha para a frente, e sem diminuição da energia, apesar da minha idade, eu sabia que levar a cabo uma mudança como essa exigiria considerável esforço, mas estava pronta para tentar. Então, com a queda de Scott, a relação duradoura entre presente e futuro em nossas vidas abruptamente entrou em colapso. Enquanto eu, focada em curá-lo, examinava minuciosamente tudo o que ele dizia ou fazia para servir de referência em sua futura recuperação, ele, ignorando o dia, o mês, a estação, o ano, e incapaz de lembrar o passado recente ou pensar no momento seguinte, não podia conceber nada além do presente imediato. O que significava que o tipo de experiência que ele levara a vida acumulando para expandir suas capacidades agora lhe era impossível, tanto quanto me abandonar aos prazeres do momento se tornou impossível para mim. (Dançar, por exemplo, o que eu sempre tinha feito pela mera alegria significativa daquilo, virou uma maneira de aumentar sua força). Em vez de cada um de nós participar de ambos os tipos de experiência, depois dos traumas de verão nós as partilhamos; até agora vivemos em diferentes períodos de tempo, ele no presente, eu no futuro, permanentemente fora de sincronia, nos reunindo apenas para nos encontrarmos em nosso passado em comum.

— Que traumas? — ele pergunta, perplexo, depois que leio isso para ele.

— Você sabe. Sua queda.

— Eu caí? Onde?

— No promontório. Do balcão, no estúdio.

— Ah, aquilo. Não fale disso de novo. Que coisa mais estúpida!

— Foi um acidente!

— Um acidente estúpido.

Para mudar de assunto, pergunto a ele se se importa de eu escrever sobre nossa vida sexual.

— Claro que não. Por que me importaria?

— Algumas pessoas podem pensar que isso é particular demais para colocar em um livro.

— Sabe que adoro as coisas que você escreve. Confio em você completamente. De qualquer forma, é tudo verdade, não é?

— Sim, mas para outros lerem a respeito?

— Sem dúvida! Quero que tudo o que você escreve, sobre nós ou sobre outro assunto, se espalhe pelo mundo. Você sabe que esta é a verdade, do fundo do meu coração.

Sim, sei.

Um dia, tendo chegado cedo a Rusk para sua sessão de terapia cognitiva, levei-o para baixo, onde ficavam os andares dos pacientes internados, a fim de matar o tempo. Ele cumprimentou cada um de seus ex-terapeutas e enfermeiras com um aperto de mão, como se realmente os reconhecesse: "Olá. Bom ver você. Como tem passado?" Eles ficaram surpresos com a maneira confiante como ele caminha, com o quão normal parece. Na última vez que eles o viram, a distância que ele caminhava era medida em pés, não em quarteirões, ele estava atormentado pela afasia receptiva e acreditava que o hospital fosse um hotel, a sede de uma corporação, uma arena de esportes, uma prisão. Agora seu discurso voltou ao normal e ele pode caminhar dez quarteirões (800 metros) antes de ser arrasado pela fadiga. Eles o passam de um para o outro, como um milagre, enquanto eu observo seus feitos — que considero tão pessoais como qualquer página bem escrita ou assunto complexo apreendido. *Não é o comum para um homem de 75 anos*, lembro, com orgulho.

Na esteira de seu progresso, minhas aspirações com relação a ele se ampliam para preencher todas as brechas. A nosso repertório logo acrescento concertos, peças, eventos de dança e quaisquer museus que possibilitem cadeiras de rodas — os mesmos prazeres de antes de sua queda, mas, para mim, com o propósito sublime de curá-lo. À noite, assistimos a mais filmes do que eu teria escolhido ver em uma vida inteira. Teria preferido ler, mas ele se recusa a assistir a menos que eu me junte a ele, ameaçando ir dormir imediatamente, o que colocaria em risco seu despertar ao amanhecer e meu despertar junto com ele. Assisto aos filmes com ele, depois saio da cama de fininho para ler depois que ele dorme, minha única pausa em seus cuidados. *Comprometimento* e *acomodação*, em que outrora ele foi mestre, agora se tornaram minhas máximas.

No MoMA, na exposição de Redon, lotada, ele invoca sua "masculinidade" insistindo para que, durante parte do tempo, *eu* sente na cadeira de rodas, permitindo que *ele me* empurre. É absurdo! A cadeira vai ser pesada demais para ele e não há nada errado comigo. Mas visto que a sua falta de capacidade de raciocínio torna inúteis meus argumentos, e para fazer sua vontade, cedo. Para nossa sorte, assim que me instalo na cadeira de rodas, uma mulher de um seminário a que assisto para a fim de bater papo conosco, fingindo que não há nada de estranho — pelo que sou grata, porque estou muito sem graça para explicar o que está acontecendo. Será que há compaixão em sua voz? Será que está sendo condescendente comigo? Percebe nosso fingimento? Da outra vez que visitarmos um museu, mantenho firmemente minha posição: eu irei empurrar, ele irá sentar — ponto final! Por sorte, porque eu duvidava que ele estivesse forte o bastante para segurar a cadeira de rodas na longa rampa de acesso seis andares para baixo, como é o Guggenheim. (Isso me lembra a fábula de Esopo, do velho, o menino e o burro. O dia inteiro, por medo do que as pessoas vão dizer, o pai e seu filho ficam trocando de lugar, quem monta e quem caminha, até que ambos acabam por carregar o burro. Moral da história: esqueça a opinião dos outros e faça o que tem de fazer.)

Dessa forma, involuntariamente me torno uma tirana. Digo a ele quando sentar e quando ficar de pé, quando dormir e quando acordar, o que vestir e como, quais exercícios mentais e físicos fazer, o que comer e quando, quanta água beber com os seus remédios, quais remédios tomar, como escovar os dentes e usar o fio dental, quando sentar na privada. Eu o instruo a respeito de como caminhar e do quanto, onde e quando podemos descansar, que caminho tomar, em que porta entrar, que chave usar, quando ele pode e quando não pode sair. Digo a ele com que canetas desenhar, que pratos usar, em que sofá deitar. Tento formular minhas ordens com palavras gentis. Sabendo que ele não vai se lembrar do que pediu, "mais tarde" é a resposta que uso como recurso a seus pedidos, tanto quanto "agora" é o intervalo de tempo em que faço os meus. No final das contas, não tenho outra escolha senão ser o chefe — como ele com frequência assinala.

Em dias ruins, frustrado com a confusão que o torna incapaz de cumprir com os meus desejos, ele perde o controle e grita — tanto com ele mesmo quanto comigo. Às vezes, quando fico impaciente com seus erros, como quando coloca suas calças do lado avesso ou torna a colocar a mesa tão logo tenhamos acabado de tirar os pratos sujos, ele fica tão desanimado que jura que vai se dar um tiro. Quando caminha altivamente ao longo do loft gritando e praguejando, nós dois nos sentimos arrasados e oprimidos, embora depois ele se arrependa de perder o controle e eu, por vezes, lamente ter de fazer cumprir o meu.

Seus acessos de raiva são completamente novos para mim. Antes do acidente, seu estilo de conflito era ficar em silêncio. O que me surpreendeu, porque, inicialmente, tanto sua filha quanto a antiga secretária me alertaram para o temperamento dele. Donna, sua secretária, me falou sobre isso em nosso primeiro encontro. Animado para que as pessoas em sua vida se conhecessem, Scott tinha nos convidado para almoçar no Sammy´s, um restaurante popular no centro de

Cleveland, durante uma de minhas viagens de visita a meus pais. Quando ele saiu da mesa para pagar a conta, Donna se inclinou em minha direção para me dizer que, embora nunca tivesse tido um patrão melhor do que Scott, achou que era seu dever me alertar para um lado seu que ela estava certa de que eu não tinha visto. Por exemplo, alguns meses antes ele bateu o telefone com tanta força que o quebrou, e uma vez ela encontrou sua antecessora chorando no banheiro das mulheres por causa da forma com que ele falara com ela, apesar de me assegurar que ele nunca levantara a voz para *ela*. "Ele sabe que se alguma vez aprontasse comigo, eu iria embora."

Embora minha experiência com Scott fosse nada em comparação com a dela, nos meses seguintes remoí em minha cabeça as palavras de advertência de Donna, lembrando-as à medida que ele e eu gradualmente chegávamos mais próximos de morar juntos. Mas no fim, não vendo eu mesma sinais de seu temperamento explosivo (ao contrário, nossa primeira e única briga durante o namoro, com relação a quem deveria consertar o carro quando saímos de Santa Fé para Boulder, não terminou em gritos, mas em lágrimas, diante da possibilidade assustadora de rompimento), optei por ignorar seu aviso e correr o risco. E durante os vinte anos em que estivemos juntos, antes de sua queda, tão poderosa é a inibição dele — ou o caráter ou o desejo — que, embora eu nem sempre pudesse controlar minha raiva, tanto quanto lembro, ele nem uma só vez dirigiu a sua diretamente a mim. Seu modo alternativo de conflito, chamado "passivo agressivo", era, no caso de Scott, mais passivo do que agressivo. Mesmo agora suas explosões de raiva passam rapidamente, porque ele as esquece em um instante e, em vez de mostrar ressentimento, me agradece por "ser leal".

* * *

Desde muito antes de seu acidente, vínhamos esperando pelo que prometia ser um espetacular evento de arte na cidade de Nova York, The Gates (Os Portões) do Central Park, de autoria de Christo e Jeanne-Claude, uma instalação de milhares de grandes painéis de tecido pintados de amarelo-alaranjado suspensos, de 7.500 arcos quadrados espalhados ao longo de 37 quilômetros de trilhas para pedestres no Central Park. Por ocasião de sua abertura, em 12 de fevereiro de 2005, houve tremenda expectativa por parte do público e agitação na imprensa. Depois de um quarto de século e milhões de dólares na criação, esta instalação colossal estava programada para permanecer por apenas 16 dias, depois seria desmanchada e reciclada.

— Você quer ver Os Portões de Christo? — perguntei a Scott, sem ter certeza de que ele iria saber do que estava falando.

— Claro que quero — respondeu, sem hesitação.

Embora tivesse neve no chão, três dias depois, em uma manhã fria e luminosa, durante a primeira semana dos Portões, eu o vesti com seu casaco mais quente e suas botas de cano longo mais sólidas e pegamos o trem A para Columbus Circle na rua 59, nosso acesso mais próximo ao Central Park.

Vendedores e músicos ambulantes enchem a entrada do parque, tornando difícil a caminhada — exatamente as condições que podem, de forma rápida, produzir no cérebro lento e hesitante de Scott uma "sobrecarga". Na medida em que ele reclama do tumulto, temo que toda a excursão possa ser um fiasco. Mas quando finalmente atravessamos o congestionamento para entrar no parque propriamente dito e começamos a caminhar entre as garbosas bandeiras laranja, a calma triunfa, e ele entra no clima de celebração dos outros transeuntes — pessoas de todas as espécies e estilos, que sorriem animadamente, cumprimentando-se como se, ao invés de nova-iorquinos autoprotetores, fossem todos convidados de uma festa alegre. A crises como greves de metrô, nevascas e blecautes agora acrescento o prazer e a arte para revelar o que há de mais afável em nós.

— Não é encantador? — exclama Scott repetidamente enquanto perambulamos, por vezes cumprimentando com o chapéu transeuntes que se aproximam, apesar do frio. — É como uma parada budista! — grita, acenando os painéis cor de açafrão, e quando paramos para olhar o parque do alto, ele observa que este parece um rio de ouro brilhante ziguezagueando pela cidade alta. Caminha sem o seu habitual medo de cair que se seguiu ao acidente, chegando a tocar os painéis, sorrindo para estranhos, até que cansa, momento em que simplesmente sentamos em um dos muitos bancos que margeiam as trilhas para pedestres, até o frio desaparecer e ele estar pronto para caminhar novamente. Uma hora se passa antes que ele abruptamente anuncie que está na hora de voltar para casa.

Voltamos aos Portões mais duas vezes — Scott porque queria vê-los novamente, eu para testemunhar seu prazer. Diferentemente de filmes ou refeições ou visitas a amigos, que ele esquece no momento em que acabam, milagrosamente ele se recorda dos Portões, primeiro por dias, depois semanas e eventualmente por anos. Será por que, tendo-os previsto antes do acidente, ele pode posicioná-los na memória remota mais do que na memória recente? Ou por causa de alguma coisa na própria experiência artística? Ou será simplesmente outro dos mistérios insondáveis de sua condição?

Nos fins de tarde, quando ele fica na frente da janela olhando para fora, esquecido de seu acidente e pleno de felicidade — pelo céu azul, por tanto "tempo a sós" comigo, pela beleza de nosso loft —, sei que sua felicidade é verdadeira, sei que aqueles que acreditam estarmos de luto por nossa vida prévia estão errados. Diariamente, ele me toma a mão para dizer o quanto somos sortudos e eu me lembro que nos primeiros tempos de nosso namoro, quando seu cérebro estava prejudicado pelo excesso de álcool, ele era um bêbado feliz, nunca beligerante nem contencioso ou taciturno, tolo talvez, mas sempre otimista e amoroso — como ainda é. Essa parte de sua natureza provavelmente está tão profundamente arraigada em seu cérebro que escapou à lesão. Como eu, ele rechaça a infelicidade enquanto contraproducente. Para ambos, ação e acomodação sempre são preferíveis à passividade ou ao desespero, que podem apenas aumentar o sofrimento. Se tudo o mais falha, usaremos nossa tragédia para fazer arte. ("Todas as dores podem ser suportadas se você as puser em uma história", escreveu Isak Dinesen.) No fundo do coração, estamos prontos para esperar o fim do mal e o retorno do bem, não importa o tempo que levar.

Nossa forma abreviada para este otimismo tenaz, que alguns consideram temperamento, outros autoengano ou negação e outros ainda um presente, é a linguagem da sorte — que continuamente construímos por meio de nossa obstinada resistência em enxergar nossas vidas como nada mais do que abençoadas.

Por exemplo, inconsciente de seu acidente, Scott atribui a falha de memória e a dor nas costas não a um dos golpes arbitrários da vida, mas ao envelhecimento normal, que aceita e até celebra como "melhor do que a outra opção".

(Sem valor, aquele. *Não, acho que não. Não.*) "Não temos sorte de envelhecermos juntos?", ele pergunta.

No início, recuso a ideia de que sua idade tenha alguma coisa a ver com sua condição. Um contratempo desastroso como o seu poderia ocorrer com qualquer um a qualquer hora, e apenas aconteceu de acometer nossas vidas quando tínhamos por volta de 70 anos. Um homem cai da sacada, sofre lesões traumáticas, muda irrevogavelmente. Mas quanto mais penso nisso, menos segura estou. Será que pode ter sido por causa da idade que a queda ocorreu naquele verão e em nenhum dos verões anteriores em que ele dormiu naquele balcão e não caiu? As pessoas idosas evidentemente caem. Embora tenha sido a sua lesão e não a idade o fator que destruiu sua memória, a idade não pode ser inteiramente descartada. Ele pode ter ido para aquele verão firme e forte, mas saiu de lá, penso, vagaroso e confuso, como muitos outros homens de sua idade. Em Rusk, quando perguntei sobre seu prognóstico, os médicos seriam evasivos em suas respostas, invocando sua idade avançada. Na época não pude entender por quê, mas desde então minhas pesquisas me ensinaram que um cérebro envelhecido está mais propenso a entrar em declínio que um cérebro jovem, mesmo sem uma queda desastrosa, e que uma pancada na cabeça em qualquer idade pode precipitar uma futura demência.

A verdade é que, até o acidente, eu nunca tinha pensado em nós como *velhos*, adjetivo que pode se aplicar a outras pessoas na faixa dos 70 anos, especialmente aqueles sobre os quais leio em romances ou obituários, mas não nós. Não agimos como velhos, não parecemos velhos (pelo menos não um para o outro), não pensamos como velhos ou nos sentimos velhos. É verdade que, desde que sofreu o aneurisma, a memória de

Scott vinha enfraquecendo, mas não tanto que eu não pudesse completar para ele o que estava faltando. Seguimos com as nossas vidas normalmente, ele indo, todas as manhãs, a seu estúdio e eu, a minha escrivaninha — não sem, é claro, algumas das usuais vicissitudes da vida septuagenária, perturbadores lapsos de memória, cabelos rareando, ossos enfraquecendo, o aparecimento inesperado de novas pregas e rugas. E cuidamos de colocar os nossos negócios em ordem — fazer os testamentos, avisar aos filhos sobre as nossas vontades, organizar as finanças. Mas na verdade nossas primeiras disposições foram feitas quando éramos jovens, quando nossos filhos nasceram. E as rugas e os lapsos de memória também começaram na juventude e nos acompanharam em cada passo do caminho, juntamente com nossa cota de ossos quebrados e progressiva queda de cabelo — todos sinais despercebidos, ubíquos. Então, de repente, este trauma e (embora as camas ao lado de Scott, na UTI, estivessem ocupadas por jovens imprudentes ou doentes) de repente mergulhávamos na velhice.

— Dá para acreditar no quanto envelhecemos? — exclama, sentado em nossa cama enquanto me visto.

— Eu sei. É difícil acreditar.

— Mas na verdade estou achando isso divertido, você não?

— Tem razão! — sorrio — Nada mais de luta sem descanso ou de ambição inútil.

— E sabemos muito a essa altura — diz o homem que sabe tão pouco.

Fiquei um pouco assustada. Se ele, com suas deficiências incapacitantes, pode se apegar ao vício permanente da satisfação, então eu, sem elas, preciso encontrá-lo dentro de mim para sobrepujar o sofrimento e fazer o mesmo.

CINCO

Suspense

No verão em que completei 14 anos, passei um mês no resort do lago Erie, na cidade de Cedar Point, com uma amiga cujos pais administravam um restaurante no calçadão, que ostentava a maior montanha-russa de Ohio. Chamava-se O Suspense, e eu me apaixonei por ela. Tantas vezes a rondava que o administrador, vendo minha paixão, eventualmente me permitia andar de graça nos períodos da manhã, quando não havia muito público. Um dia decidi ver quantas voltas seguidas eu poderia cronometrar sem parar e passeei por duas horas e meia, direto. Mesmo então, o suspense do lento tinido das rodas do carrinho até o topo, seguido do mergulho excitante para baixo, continuava intenso.

Depois que tive meus próprios filhos, minha ousadia gradualmente desapareceu até que eles não podiam me induzir a acompanhá-los nas grandes atrações dos parques de diversão e depois nem mesmo nas pequenas, até que finalmente desisti de todas elas — um não raro efeito colateral da responsabilidade. Agora me pergunto se minha juventude sem medo e o amor pelo perigo não me prepararam, de alguma forma, para lidar com o acidente de Scott e suas consequências, uma similar alternância radical entre antecipação, tensão, terror e alívio. Com o próprio Scott se achando incapaz tanto de esperança quanto de medo, subi na montanha-russa por nós dois, apertando as laterais, suspendendo minha respiração, gritando quando caíamos, perseverando como se corrêssemos risco de vida, nos preparando para a próxima lenta subida ao topo.

Na noite do acidente, este mergulho repentino, chorei rios. Não quando olhei para baixo, do jirau em que dormíamos para o chão, onde meu amado jazia quebrado, mas depois, na diminuta sala de espera sem vidro da sala de emergência do hospital, onde eu estava suspensa no limite, esperando pelo veredicto do médico. As lágrimas não paravam. No entanto, durante as semanas em que Scott permaneceu na UTI, à medida que as correias clicantes e as engrenagens rangentes nos levavam lentamente para cima através dos sucessivos cumes, onde ele seria despertado de seu coma induzido ou mecanicamente erguido da cama e baixado para uma cadeira, desconectado do respirador ou mandado para casa, minha expectativa impregnada de adrenalina me manteve esperançosa e com os olhos secos. No Suspense, a arrebatadora escalada da expectativa, seguida pela alternância entre o terror, nas ocasiões de perigo iminente, e o alívio ao ter momentaneamente sobrevivido a ele, me manteve em um estado de hermético equilíbrio, que não diminuiu até o momento em que voltei vacilante e desequilibrada à terra firme. Da mesma forma, cada vez que eu saía do mundo do acidente de Scott para o mundo exterior, minha precária estabilidade se decompunha, abrindo novamente as comportas.

Todo mundo que se preocupava conosco disse que era essencial para mim retornar ao mundo e reclamar minha vida como se fosse alguma coisa importante que eu, temporariamente, tinha encostado em um guarda-volumes. No princípio, concordei em que seria uma coisa boa tentar e para isso fiz uma lista de acompanhantes em potencial de Scott, a maior parte estudantes que consegui por meio de um anúncio no site da Universidade de Nova York e a quem entrevistei com tanto cuidado quanto se os estivesse deixando com o meu recém-nascido. Sua tarefa, eu disse, seria passar a noite com Scott assistindo a um filme ou a um jogo na TV enquanto eu saía — para um dos encontros ou seminários mensais a que comparecia regularmente antes do acidente ou para encontrar com uma amiga e jantar (depois de ter dado o jantar de Scott) —, como se ainda fosse a escritora engajada, a ativista, a amiga. Mas geralmente uma noite fora surtia o efeito contrário, fazendo com que eu me sentisse menos uma participante que uma espectadora, ou pior, uma fingidora. O interesse solidário dos amigos apenas exacerbou meu senso de alienação. "Você está se cuidando?", "É capaz de trabalhar?", perguntavam, um depois do outro, aqueles que trabalham, escrevem, organizam, ensinam e viajam para fora durante as licenças de um ano e as férias, ignorando o que está reservado. Conforme os meses passavam, senti a distância entre mim e o mundo em expansão como continentes à deriva.

Minha amiga Sarah, escritora e professora aposentada de psicologia, a quem eu não via desde a queda de Scott, quase um ano antes, veio de visita da Costa Oeste. Pela primeira vez, ouso deixá-lo durante o dia para almoçar com ela, contratando o acompanhante de Scott em quem mais confio para me substituir.

Essa tarde não será como os encontros vespertinos que eu me forço a ter porque acho que são bons para mim, mas que sempre me deixam perturbada ou mexida. Hoje não tenho nem um traço de ambivalência; venho contando os dias. Sarah — cujo marido, George, aos 89 anos, sofre de distúrbio de memória relativo à idade (DMRI) — é minha única amiga que também vive com um companheiro demente. Comparar anotações com ela por telefone sempre me ajuda a pensar sobre minha situação com mais clareza; é um conforto confessar meus pensamentos secretos e ações a alguém que sabe por experiência própria como é isso. Como não posso deixar Scott sozinho para acompanhar um dos grupos de apoio aos profissionais de saúde que os médicos recomendam, mal posso esperar para passar uma tarde inteira frente a frente com Sarah — 80 anos, experiente e sábia.

Ao meio-dia, ela me encontra em nosso loft. Enquanto pego meu casaco, ela conversa com Scott. Para mim, ele parece dar uma impressão razoavelmente normal — se não reconhece Sarah, ao menos finge com êxito, pergunta sobre seu marido e até consegue apresentar seu acompanhante, murmurando os nomes. Então fico surpresa quando, assim que a porta se fecha atrás de nós, Sarah abana a cabeça e diz:

— Eu nunca conseguiria fazer o que você está fazendo.

— O que você quer dizer?

— Quero dizer que se George estivesse em condições tão ruins quanto Scott, eu não poderia cuidar dele como você. Não poderia fazê-lo.

Não acredito nela.

— É claro que poderia se precisasse. Não teria escolha.

— Não — diz enfaticamente quando saímos do prédio e nos dirigimos para o Norte —, não poderia. Não iria. Eu não abriria mão da minha vida da forma como você faz. Não seria capaz.

Espero que a reação de Sarah não seja apenas outra versão da resposta de alguns amigos que acham que eu deveria providenciar alguém para cuidar dele e dar prosseguimento a minha vida, como se o seu eu tivesse perecido e ele pudesse ser reduzido as suas incapacidades, ou dos que me veem incompreensivelmente sofrendo por muito tempo, me sacrificando, como santa, uma caricatura que estava longe de ser um elogio. Para cada amiga que admira a dedicação a minha missão, outra fica indignada, talvez apavorada com a perspectiva de estar em meu lugar. "Você está tentando ser algum tipo de heroína ou isso é apenas *amor*?", perguntou uma amiga sem rodeios. "Sua paciência e indulgência são incríveis", disse outra por e-mail; e uma amiga comum me contou que outra amiga considera o meu zelo para com Scott "não uma virtude, mas um vício". ("Mas por quê?", perguntei. "Aparentemente ela acha que você não está sendo verdadeira consigo mesma.") Como se eu tivesse escolha! Sim, é uma dificuldade cuidar dele, quero dizer, como é uma dificuldade cuidar dos filhos, mas você faz isso por amor. Em vez disso, respondo a todos eles: na minha situação, vocês fariam o mesmo.

Mas reconheço que minha resposta furiosa pudesse ser excessiva, particularmente porque houve um tempo em que eu também via essa missão com desconfiança. Uma vez que me dei conta das perspectivas ubíquas do sacrifício feminino em nome do serviço prestado, também devo ter preconizado a resistência de princípios em nome da justiça. E não apenas em princípio: confesso que, se em vez de Scott tivesse sido meu primeiro marido que tivesse caído, eu talvez tivesse sido tentada a escapar na primeira oportunidade. Sempre alerta para não entregar meu coração, achando isso uma tolice perigosa mesmo no casamento, sempre reservei para mim mesma a prerrogativa tradicionalmente masculina de cair fora. Como moça, depois mulher, eu sabia que tinha muito pouca força para correr o risco do obstáculo que um amor sem proteção imporia, preferindo a vantagem conferida por uma atitude cavalheiresca para com cada aventura. Embora da puberdade em diante eu estivesse geralmente com alguém, às vezes, sentindo a necessidade de progredir, eu exercia meu direito de fugir de um amante, levando a cabo minha fuga com um sentimento de alívio que beirava o triunfo — tanto mais que a perspectiva de ficar sozinha era sempre assustadora para mim, até que fui embora viver sozinha em uma ilha no verão em que completei 50 anos e ensinei a mim mesma a sobreviver. Minha compreensão do amor como "livre" me isentou de qualquer obrigação de ficar por perto, muito menos por sacrifício.

Tudo isso mudou para mim em uma sexta-feira, dois anos antes de nosso casamento, quando Scott caiu fulminado por seu aneurisma aórtico. Estávamos vivendo em Honolulu, onde eu era professora visitante na Universidade do Havaí. Naquele dia ele estava trabalhando na fundição do departamento de arte, moldando uma nova peça de escultura. Depois que baixou um molde extremamente pesado com bronze fundido em um tonel de resfriamento, ele de repente caiu no chão.

A secretária do departamento de inglês me chamou do lado de fora da sala de aula para atender um telefonema em seu escritório.

— É do hospital — sussurrou. — Uma emergência.

— Minhas mãos já estavam tremendo quando peguei o telefone. Um médico me informou que Scott estava prestes a passar por uma cirurgia cardíaca de emergência e que eu deveria ir ao hospital imediatamente para assinar documentos de liberação.

Dissecar seu coração? Penso em todas as denúncias feitas a cirurgiões de dedos comichosos fazendo cirurgias desnecessárias. Quem era este médico que propunha cortar este coração precioso?

— Não podemos ter uma segunda opinião? — perguntou a voz de minha mãe através dos meus lábios.

— Temo que não haja tempo para uma segunda opinião. Precisamos operar imediatamente.

— E se não operar?

— Seu marido pode morrer nas próximas horas.

Morrer!

— Posso falar com ele?

A voz de Scott, trêmula mas insistente, atende o telefone.

— Apenas venha — ele disse. — Depressa.

Nunca o tinha ouvido falar com tanta insistência; não era seu estilo. As lágrimas me cegaram enquanto eu anotava como chegar à UTI de um hospital provincial cujo nome não identifiquei, que possuía uma equipe de médicos de quem nunca ouvira falar. Olhei para o relógio. A loucura do horário de pico de Honolulu já começara; como eu iria chegar lá sem me perder nesta cidade estrangeira?

Pedi à secretária que dispensasse minha classe por mim e corri para o estacionamento. De alguma forma consegui achar as chaves do carro e ligá-lo. Apesar do medo de dirigir, que provinha de viver por três décadas em Manhattan sem carro e de meu miserável sentido de direção, não me perdi. Quando cheguei à UTI, Scott, de sua cama, insistiu, com sua costumeira autoconfiança, em que, antes de permitirmos que qualquer um operasse seu coração, precisávamos de outra — uma confiável — opinião. Concordei. Mas de quem? Então lembrei. Um renomado professor de cardiologia na Universidade de Connecticut, autor de um compêndio de cardiologia e outrora diretor da Associação Americana do Coração, que era meu primo em primeiro grau. E embora tenham se passado anos desde que nos falamos e fosse quase meia-noite em Connecticut, encontrei o número de telefone dele e liguei. O alívio tomou conta de mim quando sua esposa atendeu com voz de sono: "Só um minuto, aqui quem fala é Arnie." Meu primo interrogou a equipe cirúrgica a respeito de suas credenciais, diagnóstico, intenções e equipamento antes de — com a confiança renovada — dar sua aprovação e me dizer para assinar.

Enquanto Scott estava sendo preparado para a cirurgia, sentei sozinha em uma sala de espera enquanto uma enfermeira me levava até um corredor em que sua maca iria passar a caminho da sala de operações. Momentos depois ele chegou. Pegou minha mão e, olhando seriamente dentro dos meus olhos, disse aquelas palavras que mudariam tudo para mim: "O que quer que me aconteça, quero que saiba que você foi realmente amada." Depois ele foi conduzido pelo corredor abaixo e desapareceu.

Até aquele dia, eu nunca imaginara a possibilidade de sua morte. Nem o quanto isso iria me devastar. Pensávamos em nosso casamento como uma união experimental de duas almas autônomas. Nós nos orgulhávamos de ter cada um o seu dinheiro e de passar os verões afastados um do outro. Depois de vivermos juntos por anos sem nos beneficiarmos com o casamento, a razão pela qual finalmente decidimos virar a chave para nos enredarmos em um casamento legal ainda era um mistério, embora nenhum de nós tivesse qualquer preocupação. Às vezes dizíamos superficialmente que o tínhamos feito por causa dos impostos e do seguro, mas no fundo ambos sabíamos que era mentira. Agora, conforme ele comunicava a mensagem que escolhera como suas últimas palavras para mim, talvez suas últimas palavras na terra, nosso ostensivo isolamento revelava-se uma fraude. Naquele momento reconheci que, tanto quanto meus membros, ele era uma parte de mim e que, tendo a oportunidade, eu iria de bom grado renunciar a minha vida independente para devolver a sua.

Voltei para a sala de espera e dei vazão a uma torrente de lágrimas. A lembrança daquelas palavras de despedida se reproduzindo repetidamente em minha cabeça me fez continuar chorando, mesmo depois que uma grande família de Tonga, cujo pai/tio/irmão/avô estava passando por uma cirurgia cardíaca ao mesmo tempo que Scott, encheu a sala. Sentei em silêncio em um canto tentando não ser impertinente, mas as lágrimas simplesmente continuavam a brotar.

Havia oito ou nove tonganeses, todos imensos, crianças e idosos, lotando a saleta com seus talhes imponentes e as melodias ritmadas de sua língua. Eu a reconheci da igreja tonganesa em Honolulu, a que Scott e eu comparecíamos às vezes aos domingos pela manhã por causa da celestial música de coral. Com o tempo, eles me perceberam chorando em um canto. Uma mulher muito volumosa, na faixa dos 40 anos, de rosto largo, moreno e gentil e um ramalhete de gardênias no cabelo longo, se aproximou de mim e com um movimento de seu braço musculoso me ergueu de minha cadeira e me envolveu em um abraço agradável. Então, um a um, os membros da família se enfileiraram para me abraçar. Em um inglês mínimo, suplementado por sinais de linguagem, eles perguntaram a respeito de Scott e me contaram sobre o pai deles. Estavam consternados de que eu estivesse sozinha, de que não tivesse família a quem recorrer. Tentei explicar a eles que era tarde da noite no continente e mesmo se eu chamasse alguém de que adiantaria? Ninguém poderia vir. Nossas famílias eram diferentes das deles. Scott era filho único, e seus pais haviam morrido; meu único irmão morrera recentemente, e meus pais eram idosos demais para viajar; meus filhos, milhares de quilômetros distantes, tinham vidas ocupadas que não pensaríamos em interromper; e a filha de Scott estava grávida e proibida de viajar.

Os tonganeses apenas balançaram a cabeça com pena. Nas poucas horas em que estivemos juntos no hospital, eles me acolheram como um dos seus, partilhando suas cestas de comida — frutas, galinhas, batatas chips, refrigerantes, bolos —, que continuaram a abastecer de fora. Eu estava tão confortada com sua cordialidade e generosidade que, quando foram embora, algumas horas depois, fiquei desolada. Em seu lugar, as lágrimas voltaram a me fazer companhia enquanto eu sentava em meu canto, novamente sozinha, com nada que me distraísse da ideia de que Scott poderia morrer a qualquer momento, e então como eu poderia viver?

Por volta do amanhecer, o cirurgião veio à sala de espera para me informar que havia costurado no coração de Scott um "conduto valvulado" — uma válvula mecânica ligada a uma nova secção da aorta — para substituir o tecido lesado. Levaram sete horas porque, após descobrirem a má-formação na válvula de Scott depois que o abriram, tiveram de contatar todos os hospitais da cidade para encontrar o tipo de válvula de que eles precisavam para reparar seu coração.

Era maio, fim do ano acadêmico. As plumérias que se estendiam pelo caminho da rua até nossa casa estavam floridas, e o jardim e o terraço nunca tinham cheirado tão bem. Mamões e mangas maduras que eu não tivera tempo de colher de nossas árvores fecundas apodreciam no chão. Felizmente, quando eu trouxe Scott do hospital para casa, tinha apenas mais duas aulas para dar, fora os exames, o que me deixava tempo livre para me dedicar inteiramente a ele. Sem saber direito como tratá-lo, improvisei. Conforme o prescrito, o levei para caminhar na parte de baixo da colina em frente a nossa casa contando dois minutos, depois três minutos, depois cinco. A cada vez voltava correndo para o carro a fim de levá-lo de volta à parte alta da colina — tentando deixá-lo em forma para a árdua viagem de volta a Nova York. Ao mesmo tempo em que embalava os objetos de valor conseguidos em um ano para serem transportados para casa em um navio, ficava em torno dele, tentando fazê-lo comer (ele era pele e osso), caminhar, subir escadas, recuperar-se. E, todo o tempo, quer estivéssemos na cama, sentados à mesa ou caminhando na rua, eu podia ouvir a nova válvula pulsando em seu peito, proclamando o milagre que foi sua sobrevivência e me chamando para minha tarefa. Com suas palavras de despedida em minha cabeça, a resistência autoprotetora que cultivaria durante a vida inteira se fundiu quando, ao contrário, adotei a dedicação.

Agora penso naquele tempo no Havaí como treino e preparação para tempos futuros e mais difíceis. Para esse momento.

Enquanto Sarah e eu continuamos juntas nossa caminhada, considero que a sua compaixão por George é parecida com a minha por Scott. Segundo marido dela, ele incentivou e apoiou seu trabalho, como Scott fez com o meu. Criou o filho dela como se fosse seu, era seu melhor amigo e grande amor e, como nós, eles estavam juntos há décadas. Então por que ela está dizendo que em meu lugar não faria por George o que faço por Scott?

Estávamos caminhando sem rumo, pelo prazer de caminhar, sem ter em mente qualquer restaurante em particular. É uma tarde branda fora da estação, ensolarada, apenas com o perfeito sopro da brisa, um desses dias que faz de Nova York a melhor cidade do mundo para caminhar. Neste dia, até o trânsito parece controlado.

— Não acredito em você — digo. — Você se sentiria responsável por ele e faria o que tem de fazer. Como faz agora.

— Ah, mas é muito diferente. Neste exato momento estou aqui de visita em Nova York e George está em casa em Seattle, sozinho. Os amigos fazem uma visita à noite, mas ele ainda pode se virar sozinho. Não é como Scott.

— Sim, mas se ele piorasse, você se adaptaria.

Quando paramos em um sinal, ela se voltou em minha direção para defender seu ponto de vista:

— Sei que me resta pouco tempo de vida e quero viver meus últimos anos tão intensamente quanto puder. George e eu decidimos, há muito tempo, que, se algum dia chegássemos a um ponto em que não pudéssemos tomar conta de nós mesmos, não pediríamos isso um ao outro.

— O que você faria então? O colocaria em um asilo?

— Contrataria alguém para cuidar dele e simplesmente viveria minha vida.

Estou chocada. Não apenas com a sua declaração (em que não acredito, não importa o que ela diga), mas pelo modo como ela enxerga minha situação. Não pensei nela como sendo tão horrível. Tem muitos problemas e maus momentos, sim, mas também é cheia de determinação e satisfações, e não apenas a de vencer o desafio. Longe de ser tão intolerável que preciso tentar escapar — uma ideia tão absurda que nem sequer a imaginei (ao contrário, as fantasias que tenho não são de escapar, mas de me apegar. Me concentro no que vai ser dele se alguma coisa me acontecer — embora quaisquer planos que eu possa fazer não tenham validade legal, porque sua filha, sua parente legal, terá o controle quando eu me for, e as minhas vontades serão irrelevantes).

Agora, através dos olhos de Sarah, me dou conta de que a vida que estou levando não é nem inevitável nem necessária: eu realmente tenho opções. E enquanto passeamos pelas ruas estimulantes em minha primeira caminhada livre desde que trouxe Scott para casa, engajada em uma conversa íntima, cativante, que de alguma forma eu tinha esquecido que poderia acontecer, sou apunhalada pela consciência de tudo o que perdi. Caminhar com a cabeça erguida e os olhos livres, sem ter de guiar Scott devagar pelos sinais de trânsito e conduzi-lo no sentido de pisar primeiro com o calcanhar, não com os dedos do pé; caminhar sem tempo ou obrigação me levando de volta para casa; caminhar sem objetivo pela vizinhança com a brisa estimulante embaraçando os meus cabelos e nenhum propósito a não ser o de trocar ideias com minha amiga e eventualmente encontrar um restaurante agradável — ser de repente e imprudentemente livre pela primeira vez em um ano — parece uma glória.

Depois, exatamente tão alto quanto meu espírito alçou voo desce à terra, quando lembro aquela vertiginosa sensação de liberdade e o quão rapidamente fora frustrada pelas palavras preocupantes de Sarah. Sua visão sombria de minha situação aflitiva me chocara quando vi o contorno que minha vida tinha assumido e a magnitude de meu fracasso: minha produção literária acabou, nosso casamento é completamente desigual e o mundo que antes fora meu mundo se tornou irreal para mim. Todas as paixões, princípios e hábitos duramente conquistados que construí ao longo da vida tinham sido enfraquecidos e destruídos até que, agora, a escritora cujo trabalho exige solidão nunca está sozinha; a aventureira em busca de experiência está presa a um lugar; a intelectual combatente não pode mais trocar ideias; a pessoa que gosta de livros mal consegue ler; a ativista política deve abandonar o campo de batalha; a feminista devota da igualdade cuida sozinha de alguém profundamente dependente.

Nos dias que seguem me pego chorando quando estou sozinha, subitamente acometida por herpes e insônia, e me pergunto se estou perdendo o controle.

No domingo, quando minha filha vem nos visitar, no instante em que a recebo no elevador (depois de ousar deixar Scott sozinho no loft enquanto corro para o hall), arrebento em lágrimas.

— O que foi, mamãe?

— Acho que posso estar tendo uma crise nervosa — digo acanhadamente, tentando sorrir. Conto minha conversa com Sarah, depois deixo escapar, sem querer: — Não tenho uma vida.

Polly para no hall e me abraça:

— Você precisa de ajuda, mamãe. Não pode continuar fazendo isso sozinha.

Estamos quase na porta do loft, onde Scott está esperando. Não há tempo para dizer mais nada. Mas sei que ela está certa; sei que ela, Sarah, Linda, Ann, todas as minhas grandes amigas, cujo conselho semelhante eu normalmente dispensava com justo orgulho, viam aquilo que eu não era capaz de ver: não posso mais fazer isso sozinha.

Enxugo os olhos e abro a porta.

— Ah, aí está você! Finalmente! Pensei que a tivesse perdido!

— Veja, Scott. Polly está aqui.

O educado anfitrião arrasta os pés em nossa direção e a envolve em seus braços.

O que devo fazer? A não ser que algo mude drasticamente, temo afundar. Mas tantos são os mistérios do cérebro que, da mesma forma que a minha crise se aprofunda, a atual condição de Scott, no último verão de 2005, depois de passado um ano de seu acidente, parece ter estabilizado.

Fisicamente, ele melhorou muito. Dorme profundamente todas as noites. Come com gosto e apetite qualquer coisa que eu lhe sirva, embora escolher um cardápio esteja além das suas capacidades. Sua fala é fluente. Com estímulo, agora ele consegue caminhar, embora devagar, por pouco mais de um quilômetro antes que o cansaço o arrase. Ele está reafirmando sua vontade: recentemente, no caminho de volta para casa de um brunch em nosso café favorito, Rafaella's, quando o estimulei (como sempre) a colocar primeiro no chão o calcanhar do pé esquerdo, desta vez ele respondeu: — Não vou fazer isso! Me recuso a ser intimidado pela vigilância do movimento feminista!

Emocionalmente, está mais sensível, com frequência é levado às lágrimas por música e pelas histórias tristes. Transborda de expressões espontâneas de amor e gratidão. O outro lado deste traço de "desinibição" comum às LCT é que ele também se frustra facilmente e depressa se sente rejeitado, ao que responde, como nunca antes da queda, praguejando, gritando, fechando as portas com violência, jogando objetos — embora, quando passa o ataque, um minuto depois, e a delicadeza entranhada nele volta, também é ligeiro em pedir desculpas:

— Não passo de um cabrão. Será que você pode me perdoar?

Com quase nenhuma melhora em sua lesada memória de curto prazo, ele continua a não poder se lembrar de ter visto um filme depois que este acaba, muito menos seguir um roteiro. Mas enquanto está assistindo, o filme o envolve tão completamente que nosso quarto se parece com a torcida em um evento esportivo: "Aceite a oferta, Humphrey!", grita para a tela. "Ponha seu braço em volta dela, seu idiota!" E

"Espero que o porteiro o esmurre." "Ah, sem essa, deixe de tolices." "Você está no time errado, cara." Às vezes ele tenta, indignado, dirigir a ação: "Tire o seu traseiro de cena!" Ou, quando ganha altura o violino: "Como ousa usar música dessa maneira!" E para o assustador tremolo de um filme *noir*: "Chega de música tarde da noite no meio do nada."

Mesmo que não consiga compreender como atender a campainha da porta para permitir a entrada das visitas, suas habilidades sociais estão intactas, capacitando-o a fazer as perguntas certas; parece ouvir as respostas e mostra interesse pelo conforto de nossos convidados. Ele pode fingir tão bem uma conversa que leva um bom tempo até alguém que não esteja avisado perceber que há algo errado com ele. Em um restaurante, apesar de eu me preocupar com a possibilidade de ele se perder ao voltar do banheiro masculino, interage com os garçons de modo tão natural que eles o acatam e entregam a conta. Ele faz nossos amigos sorrirem com suas réplicas divertidas e suas observações cômicas:

— Não chega muito perto das bocas-de-dragão ou elas vão morder seus dedos — avisa a Ilsa.

— Você está presa entre uma frigideira e uma caldeirinha elétrica — adverte Linda, de forma original, fundindo *ficar entre a cruz e a caldeirinha* e *sair da frigideira para o fogo*.

Quando Polly e seu marido, Andrew, chegam para o jantar, no instante em que acabamos de comer Scott se dirige ao sofá, dizendo:

— Por favor me deem licença, vou meditar. São todos bem-vindos para se juntar a mim se desejarem.

Logo depois, exclama amavelmente:

— Oba, estou recebendo visitas agora — e quando demoramos a nos levantar da mesa, ele ameaça apresentar uma queixa ao cartório.

Sentada ao seu lado poucos minutos depois, Polly escreve rapidamente as palavras dele em seu caderno enquanto observo, lamentando nunca poder me lembrar de suas melhores observações.

— Você tem que anotá-las em seu diário assim que elas se apresentam — diz.

— Não tenho um diário.

— É porque ela tem um dromedário — Scott fala com voz fina.

Eu sei que substituir palavras com som semelhante é um sintoma de afasia, mas sua observação mesmo assim é engraçada, de um jeito bem pateta. Quando começamos a rir, ele acrescenta:

— Porque eu lhe dei um camelo — e se anima com o nosso prazer. — Pela Páscoa — continua, na sequência. — Voltem no ano que vem e teremos outro animal.

Mas agora a hilaridade tinha tomado conta de todos nós. Ele está claramente encantado por ser a causa disso, mas, tendo perdido todo o senso de absurdo — talvez porque, para ele, tudo beira o absurdo —, não está certo do porquê.

Contudo, ele está mais observador e alerta do que estava até poucos meses atrás. É bom em dizer as horas e ler o termômetro em nosso peitoril. Seu nível de atenção aumentou o suficiente para que volte a marcar as listas de galerias de arte do *New Yorker* com asteriscos e grifos — embora assim que chegamos a uma galeria esteja disposto a ir embora. Coisas que não o influenciavam desde a queda — como o taxímetro, nossa biruta (uma bandeira americana visível de nossa janela que nos diz de que lado o vento está soprando), uma notícia ocasional da emissora de rádio pública — começaram a se mostrar em suas expressões faciais. De novo ele reconhece a voz do presidente e se arrepia quando a ouve.

Da mesma forma que acontece com outras vítimas de LCT, no entanto, sua sagacidade e seu bom senso o abandonaram e seria inútil especular se eles algum dia vão voltar. "Posso fazer uma pergunta?", arrisca, hesitante, depois de ouvir na rádio uma reportagem sobre a violência restabelecida entre israelenses e membros do Hezbollah: "Será que é possível eu me juntar ao exército israelense?" Ele não consegue começar uma atividade por si mesmo nem tomar uma decisão; sem dúvida, todas as funções cruciais de seu córtex frontal — iniciar, organizar e executar um plano; solucionar problemas, raciocinar, elaborar pensamentos e cumprir as mais altas funções cognitivas que são a glória de nossa espécie, assim como as funções "guarda-portão" de julgamento e inibição — estão agora além de seu alcance. Sem elas, ele não pode criar sozinho obras de arte. No entanto, se eu lhe der instruções de forma simples, um passo de cada vez, ele pode, novamente, executar tarefas que normalmente fazia antes da queda, tais como colocar a mesa, organizar a roupa para lavar e passar, tirar o lixo, pendurar os paletós, passar adiante os aperitivos.

Ele está mostrando mais preocupação comigo. Entendendo minha necessidade de ler (que suas constantes interrupções impedem), faz uma proposta generosa, embora absurda: "Tenho uma boa ideia. Vou vigiar Scott hoje à noite para que você possa ler. Gostaria disso?" Progressivamente, pergunta: "Estamos bem?" "Está razoavelmente satisfeita com a nossa vida juntos?" "Você sabe que tudo o que quero é fazê-la feliz?" Mesmo a desinibição que leva às obscenidades que ele grita para mim é por vezes moderada pela limitação: quando pergunto por que ele está me xingando, diz: “Não estou xingando você, só estou praticando para o caso de precisar xingá-la depois.”

Está claro que, por trás de sua confusão e a despeito de suas incapacidades, o “eu” de Scott continua obstinadamente intacto. Ele não apenas expande sua lucidez diariamente, sua calma e sua doçura, que podem durar minutos ou horas, quando ele parece consigo mesmo novamente, capaz de discutir um assunto familiar com um pouco de clareza antes de tornar a sua agora costumeira confusão, como também a permanente combinação de traços que sempre distinguiram seu “eu” de outros — seu brilhante otimismo e charme, sua paixão estética, sua modéstia profundamente arraigada, sua sinceridade, sua cortesia e a generosidade de seu espírito, bem como sua timidez e reserva —, continua a atravessar a névoa.

Mas, apesar de todas as suas continuidades e melhoras, ele ainda é completamente dependente. Para ele, o controle remoto da TV, um computador, as opções de telemarketing, o sistema de intercomunicação do edifício, o fogão, as fechaduras de nossas portas e seu chaveiro têm opções demais para colocá-los em funcionamento. Agora, às vezes ele sabe em que século estamos e às vezes em que ano, mas não a estação, o mês ou o dia. Não consegue recordar os nomes nem do genro nem do presidente que tanto despreza. Não consegue se orientar fora de casa, reconhecer o caminho de volta para casa, entender as rotas do ônibus ou do metrô. Entra em pânico quando atravessamos a rua, certo de que os carros que se aproximam vão nos atropelar, mas carece de paciência e de conhecimento para esperar que o sinal mude — tal inferência está além dele. Fica especialmente assustado com os carros que viram a rua, incapaz de confiar em que os seus condutores não vão nos derrubar antes de atravessarmos. Ele não consegue pedir um prato de um cardápio nem calcular o quanto deve dar de gorjeta. Com frequência se esquece de dar descarga, escolhe uma jaqueta inapropriada para o clima, coloca as roupas sujas no depósito para reciclagem de jornais ao invés de na cesta de roupa suja e sempre deixa certos lugares sem barbear (quando me ofereço para levá-lo a um barbeiro para fazer a barba, diz: "Deixar um barbeiro colocar uma navalha em minha garganta? Nunca! Tenho certas normas!"). Quanto ao chuveiro, ele é incapaz de ajustar a temperatura da água, não consegue se lembrar de se ensaboar, nem de abrir a tampa do frasco de xampu e resiste a todo o projeto com tanta energia que tudo o que posso fazer é submetê-lo a uma chuveirada por semana. No final das contas, me agradece, dizendo o quanto se sente bem, mas cinco minutos depois, esquece.

Dos quatro "As" que caracterizam o Diagnóstico de Demência listados na web, *afasia, apraxia, amnésia* e *agnosia*, ele apresenta todos em graus variados. Embora possa falar bem o bastante para enganar estranhos, sua afasia (incapacidade de compreender a linguagem ou achar as palavras certas para se comunicar) se revela quando ele tenta escrever lembretes para si mesmo, que às vezes fazem pouco sentido (NÃO use a TV para pequenas notícias ou outros aplicativos significativos). E continua incapacitantemente atormentado pela apraxia (perda da capacidade de executar uma sequência de atividades, como se vestir ou desenhar), amnésia (distúrbio patológico da memória) e agnosia (perda da força de vontade resultante de uma incapacidade de levar adiante um pensamento por tempo suficiente para fixar um objetivo ou buscá-lo). Quando lhe faço as perguntas-padrão de diagnóstico listadas em um dos web sites, seu desempenho é fraco. De três pontos (um por ação) — *pegue este papel com a mão direita, dobre--o ao meio e o coloque no chão* — ele nunca consegue mais de dois. Se peço a ele para fazer duas coisas ao mesmo tempo, levar os guardanapos e a água para a mesa, por exemplo, só consegue fazer uma.

Ele não consegue mais contar uma piada ou entendê--la, embora algumas vezes, se eu rir, ele faça o mesmo. As explicações o cansam. E todos os dias me faz perguntas surpreendentes: quando veremos os seus pais (que morreram há dez anos)? Em que cidade estamos? Há quanto tempo estamos juntos? Estamos legalmente casados? Pode por favor me dizer quantos filhos tenho?

O mais desanimador é que não reconhece que há algo de errado com ele, ainda acredita que pode fazer tudo, pensa que é o mesmo homem capaz e prestativo com quem me casei.

Em resumo, na medida em que o segundo ano transcorre, sua mente ainda está séria, provável e permanentemente prejudicada — como estou finalmente começando a admitir. Em algum lugar dentro de mim sei que nunca irá chegar o momento, como o foi depois do primeiro ano de recuperação de sua cirurgia cardíaca, em que poderemos retomar nossas vidas anteriores. Nunca mais poderemos pensar juntos sobre um problema, negociar uma decisão, debater as notícias, marcar um encontro em uma esquina, discutir sobre o significado de uma observação, pedir conselhos um ao outro, disputar a sagacidade de uma ação, confiar nossas ansiedades mais secretas, apreciar o talento de cada um, planejar uma viagem, pesar nossas opções, fantasiar sobre o futuro. Não haverá novas esculturas nos peitoris, nenhum novo livro encadernado em couro na estante.

Parece-me que o seu distúrbio está profundamente ligado à perda de memória. Como ele pode pensar ou raciocinar sem lembrar os fatos sobre os quais considerar? Como saber que caminho tomar quando você se esqueceu para onde estava tentando ir? Sem memória do tempo que passou ou do que aconteceu, você certamente fica num estado de perpétua confusão ou apreensão. E, junto confusão, agitação e angústia. Não importa o quão avidamente deseje cooperar, você não pode responder às expectativas das outras pessoas se não puder lembrar quais são elas. Se um minuto é o mesmo que uma hora, quando sua esposa vai ao banheiro, como você sabe que ela não "evaporou"? E sem ela, como você irá sobreviver?

E eu, presumivelmente em pleno gozo das minhas faculdades, sem desculpas para esquecer o quanto ele estava esquecido, mas sem ser ainda capaz de abandonar a esperança, virei sua nêmesis — tentando argumentar com ele quando se angustia, me angustiando, em troca, enquanto repito meus mantras com crescente aflição:

Mas eu disse que estava apenas indo ao banheiro, disse que voltaria em um minuto.

Por que está trocando de roupa novamente?

Mas você prometeu não entrar na cozinha enquanto estou cozinhando.

Meu Deus! Você tomou as minhas pílulas em vez das suas!

Quer, por favor, ficar aí e assistir ao jogo?

Não, não, você não pode sair sozinho!

Da única vez que ele se afastou de mim foi um desastre. Estávamos na feira lotada na Union Square, abastecendo-nos de verduras. Virei as costas para ele por um minuto a fim de escolher umas espigas de milho e, quando me voltei novamente, tanto ele quanto nosso carrinho de compras tinham desaparecido. Tão rápido quanto uma mosca apanhada por um lagarto, ele sumiu na multidão do sábado. Há um minuto ali, no próximo... Não estava mais lá!

Procurei pelo mercado inteiro — nem sinal. Achando que ele poderia ter pegado o caminho de casa, comecei a atravessar as ruas entre a Union Square e nossa casa, o medo se transformando em terror a cada quarteirão. Quando retornei ao loft para encontrá-lo vazio, o pânico se apoderou de mim e chamei o 911. Os policiais vieram me buscar em um carro de polícia e por cruciantes duas horas e meia percorremos a vizinhança e vasculhamos o parque antes de, finalmente, receber uma mensagem da delegacia de polícia de que Scott estava na sala de emergência do hospital local. Voamos para lá, ao som estridente da sirene, e o encontramos em uma maca no corredor, machucado, ensanguentado e muito agitado, gritando de dor com três dedos grotescamente deslocados da mão direita lacerada. O motorista da ambulância nos contou que ele tinha sido encontrado caído nas pedras do calçamento embaixo da autoestrada West Side, longe da Union Square, com um carrinho de compras vazio ao lado.

Desde esse dia, cada um de nós, por diferentes razões, entra em pânico quando o outro está fora do alcance de visão.

De fato, de forma estranha estamos nos tornando as imagens especulares um do outro. Tendo deixado os médicos para trás, forjamos um casamento mais íntimo, embora, mais duro. Quando ele perde o controle, acho incrivelmente difícil dar conta do meu, a ponto de parecer que sua doença me contagiou. Nós nos tornamos nossos respectivos guardiões. E estimuladores. Cada dia é uma coisa diferente.

Hoje pela manhã ele não conseguiu encontrar sua carteira em lugar algum. Algumas vezes são seus óculos que desaparecem, ocasionalmente suas chaves — tudo bastante ruim. Mas perder a sua carteira é o pior. Ela contém o cartão do plano de saúde com o número do Seguro Social impresso nele, pessoas a procurar em caso de emergência e números de telefone, lista dos remédios, cartão de crédito e dinheiro — sem o qual ele não ousa sair de casa. Provavelmente está apenas fora do lugar, como todas as outras coisas desaparecidas que eventualmente aparecem — escondidas em algum lugar e esquecidas. Mas a mínima possibilidade de que esteja realmente circulando entre os ladrões de identidade torna imperativo que eu cancele imediatamente nossos cartões de crédito e comece o demorado processo de substituir tudo. Procuramos dentro de cada gaveta, nos bolsos de cada calça e de cada jaqueta, atrás de cada prateleira, no chão, debaixo da cama. Ele desiste rapidamente, resmungando, batendo com força a porta do armário, mas eu continuo a procurar, inspecionando o mesmo território várias vezes: minha própria frustração aumenta a cada pancada até que mal consigo conter minha irritação enquanto o previno:

— Você simplesmente tem de parar de esconder sua carteira. Por que continua fazendo isso? (Como se a resposta (para protegê-la) não fosse óbvia.) — Ele se irrita comigo, gritando:

— Tudo o que você faz é me criticar! Melhor que eu estivesse morto!

Embora exagerado, este voltar seus sentimentos contra si mesmo mais do que contra mim tem raízes profundas.

Há alguns anos, quando eu costumava repreendê-lo por não ouvir o que eu estava dizendo — na verdade, ele estava simplesmente exibindo sinais precoces de perda de memória —, em vez de se defender, ele consentia e se retirava. Orgulhoso e com autocontrole, ao longo dos anos vivendo juntos, ele se recusava a participar dos bate-bocas triviais que eu ocasionalmente provocava. Agora, no entanto, por vezes nossas discussões e gritarias se parecem com as hostilidades de qualquer casamento em crise. Com uma diferença: em um casamento assim sempre há uma saída — a separação. Em nosso casamento, se tivéssemos de seguir caminhos separados, o seu seria diretamente para um asilo.

Este homem, com quem tenho uma história de cinquenta anos, cuja vida se entrelaçou com a minha por décadas e com quem vivi os anos mais plenos de minha vida, me é querido demais, próximo demais para que eu seja capaz de considerar isso agora. Para alguns, não seria ruim, talvez fosse até melhor, mas para ele, um homem sempre incansável e que agora insiste em sair meia dúzia de vezes ao dia, o confinamento seria puro tormento. Era mais fácil imaginar sua morte do que interná-lo. Ainda assim, eu estou começando a perceber que minha fé em sua eventual recuperação parece cada vez mais ingênua. Ao encarar honestamente, pela primeira vez, a triste perspectiva de passar o resto dos meus dias cuidando de um homem bem-intencionado, amado, mas inútil e inconsciente, em momentos estranhos, me vejo sucumbindo a inesperados acessos de tristeza, como se uma vida tivesse acabado. Não a dele, mas a minha.

Justamente quando estou no limite do desespero, uma amiga me oferece *The 36-Hour Day* (O manual do dia de 36 horas), o manual de sobrevivência para quem cuida de pessoas com cérebros lesados. Sua mensagem principal é: *Cabe a você prevenir uma crise antes que ela comece, permanecendo calma, gentil e compreensiva.* Uma vez que "as pessoas com moléstias cerebrais sempre se tornam excessivamente transtornadas" e a "maior parte desses comportamentos não está sob seu controle", "a melhor maneira de lidar com reações catastróficas é detê-las antes que elas aconteçam".

Da mesma forma que ler Dr. Spock quando os meus filhos eram pequenos, ler *The 36-Hour Day*, com suas dicas úteis sobre como agir e suas descrições que tornam familiar o estranho, é tranquilizador. Ao longo de suas páginas, os comportamentos perturbadores de Scott — sempre me seguindo como um cachorrinho (*shadowing*), colocando as roupas do avesso, escondendo coisas, xingando e insultando as pessoas que cuidam dele — se revelam como típicos de sua condição, tanto quanto minhas respostas são todas típicas da minha. Este livro nos descreve com exatidão, preenchendo-me com ondas de culpa, mas também com certo alívio, até mesmo conforto.

O livro me mostra o quão enganada eu estava ao supor que os comportamentos estranhos, assustadores, irritantes ou perigosos que tomaram conta de Scott depois que ele caiu desapareceriam gradualmente à medida que ele se recuperasse, devolvendo-nos uma vida normal. De fato, acontece o contrário. Quanto mais forte ele fica, mais inconcebíveis — e inaceitáveis — ele acha suas limitações: agora que consegue caminhar normalmente, acha que deveria ter liberdade para sair quando quiser. Fisicamente capaz de se vestir sozinho de novo, ele não vê nada de errado em conservar o pijama por baixo de suas roupas de sair ou em nunca trocar de meias. Ansioso para ajudar na cozinha, como já fez, guarda pratos sujos no armário e mistura os talheres nas gavetas. Tudo é uma luta. Ele se ressente de minhas proibições e insistências; minhas explicações o irritam. "Bobagem!", grita (ainda o cavalheiro). Enquanto durante o primeiro ano ele passava o tempo deitado no sofá por conta própria, feliz em olhar pela janela por horas a fio, agora que sua energia aumentou ele exige de mim uma atenção constante e firme. Pior, está sempre ansioso para sair, mas sem ter noção de para onde ir. Alguns dias são agradáveis — quando estou disposta a me dedicar exclusivamente a ele (e, afinal de contas, o que pode haver de opressivo em bebericar um cappuccino em um café preferido ou assistir a um filme?) —, mas outros dias são apimentados com brigas e conflitos, acusações e ressentimento. Que, se os autores do livro estiverem corretos, só irão piorar, a menos que eu me resigne sincera e completamente a sua condição, que não é culpa dele.

Quanta ironia... Quando ele estava mais distante de si mesmo, a esperança me sustentava, possibilitando que eu o ajudasse a voltar a ser o que era, mas agora que está melhor, a esperança me prejudica. Mas, sem esta tábua de salvação, como eu iria sobreviver? Temo que me resignar ao status quo e abandonar a esperança é não apenas me trair, mas abandoná-lo — como a assistência médica se desfaz de pacientes que não estão mais evoluindo, abandonando à própria sorte milhões de idosos desesperadamente necessitados de um tratamento humano a longo prazo antes de voltar a arcar com os custos do hospital na medida em que a morte se aproxima.

Ao invés de aceitar suas limitações, às vezes me parece bom brigar com ele — como se pudesse forçá-lo a se lembrar, através da mera repetição, dando em voz alta a minha opinião ou deixando uma pista de bilhetes escritos com marcador (LEMBRAR DE DAR DESCARGA! POR FAVOR DESLIGAR A LUZ DO CLOSET), os quais, embora ele leia com exatidão, deixam de penetrar nele o suficiente para que aja de acordo. Mas tal determinação obstinada desconsidera a mensagem do livro. Se tenho de evitar o desespero, neste segundo ano tenho de me resignar a sua condição, trocando a fé em sua recuperação no primeiro ano pela completa aceitação de sua lesão permanente. Se o desespero é o oposto da esperança, então a aceitação deve estar em algum lugar entre esses dois. Nem desespero nem esperança, adverte o livro. Apenas aceite.

SEIS

Poderia acontecer

O loft vizinho ao nosso ficou à venda. Durante anos estivemos de olho nele para servir de estúdio a Scott, mas nunca pudemos pagar por ele. Embora menor que o nosso, tem o mesmo teto alto, as mesmas colunas torneadas e as mesmas janelas altas. Tendo levado o conteúdo de seu estúdio para um minidepósito quando o arrendamento acabou seis meses atrás, de repente vi no loft vizinho a solução para os nossos problemas. Se o comprássemos, eu poderia contratar uma cuidadora que, em troca do privilégio de morar naquele adorável espaço, poderia entretê-lo por certo número de horas todos os dias e ajudá-lo a trabalhar com arte enquanto eu ficaria em casa e escreveria novamente. Com apenas uma parede entre nós, estaríamos próximos e longe um do outro o bastante para trabalhar sem ansiedade e depois poderíamos passar o resto do tempo juntos.

Na ausência de um sistema de saúde que forneça assistência a longo prazo a qualquer cidadão que a reclame, como deve fazer qualquer sistema decente, a filha de Scott, que se tornou uma bem-sucedida especuladora nos loucos anos 1990, tomou a iniciativa e se ofereceu para comprar o loft para usufruto de seu pai. Sendo o setor imobiliário de

Manhattan sempre um investimento promissor, ela concorda em tomar conta até que ele "não precise mais" (leia-se morte ou asilo de idosos). Por acaso, o custo mensal é exatamente o mesmo que pagávamos no estúdio anterior.

Nada como a ação para elevar os espíritos! Uma vez completadas as negociações, iniciei uma busca completa por uma companhia adequada a Scott, publicando um anúncio de "Troca-se um loft em Chelsea por um serviço de acompanhante em meio período de um artista com lesão no cérebro", tanto nos sites de emprego quanto de moradia de faculdades próximas. Apresentando boa moradia com menos tempo de serviço que empregos em meio período, nossa oferta é uma proposta de sonho para a pessoa certa — muito melhor que o dormitório compartilhado em troca das 25 horas semanais de trabalho de escritório que a New York University oferece para seus próprios estagiários.

Três dias mais tarde o telefone começa a tocar e depois raramente para. Alguns dos alunos que se candidatam estão apenas atrás de moradia, mas uns poucos — aqueles que são artistas ou que têm avós com demência — também parecem atraídos pelo emprego.

Depois de muitas entrevistas me decidi por Karin O'Brien, uma artista de 28 anos do Texas, agora aluna de pós-graduação da New York University, que escolheu trabalhar para custear seus estudos na universidade cuidando de idosos. Seu pai é neurologista, e sua mãe, clínica geral. Mal posso acreditar em nossa sorte! Além de desejar o apartamento para ela, parece genuinamente interessada em Scott, e ele, por sua vez, está encantado com ela. Entramos em acordo para que ela, durante um mês, a partir de outubro, quando se mudar para a casa nova, todos os dias da semana, das nove às duas, mantenha Scott na casa ao lado ou o leve a museus, galerias, em pequenas missões — a qualquer lugar, pouco me importa, desde que ele não esteja comigo. O resto do tempo serei sua cuidadora e o novo loft será dela, embora concordemos em chamá-lo de "Estúdio do Scott".

Antes que eu transporte o conteúdo de seu antigo estúdio do depósito e que Karin se mude para a casa nova, esperando inspirá-lo a retomar sua arte, decido usar o espaço vazio para montar uma rápida exposição de seus "recentes trabalhos em papel" — trabalhos que eu, de alguma forma, consegui obter com agrados ou extrair dele pincelada a pincelada e peça por peça em sessões diárias de dez minutos em nossa sala de estar, apesar de invariavelmente resistir resmungando. Aprendi o quanto é difícil para alguém com uma lesão no lobo central do cérebro ser capaz de conceber e executar um projeto, como os artistas, principalmente escultores, devem fazer. A terapeuta de arte que contratei por pouco tempo teve ainda menos sucesso que eu em fazê-lo trabalhar, agora que a memória, mãe das musas, o desertou.

Ainda assim, meu sonho é que, uma vez que seu velho estúdio esteja reconstruído no novo espaço, ele se inspire para trabalhar novamente. É bem conhecido o fato de que o mal de Alzheimer Willem de Kooning em nada contribuiu para fazê-lo diminuir o ritmo; logo que Scott estiver novamente cercado por seu trabalho, talvez Karin, ela mesma uma artista, seja capaz de despertar novamente esta paixão de vinte anos pela criação de obras de arte. Estou contando com isso; ela deve... porque, incapaz de ler por muito tempo, desorientado demais para sair sozinho com segurança, incapaz de conceber e muito menos realizar um projeto, se não começar a fazer arte novamente, tenho medo de que ele não tenha nada para fazer pelo resto da vida além de seguir os meus passos como um cão ou olhar pela janela.

Um ano depois de começarmos a morar juntos, Scott anunciou que se aposentaria precocemente. Eu estava em pânico de que fosse, apesar de prometer o contrário, ficar em casa sem fazer nada enquanto eu estava tentando trabalhar, mas não precisava ter me preocupado. Imediatamente, ele começou a realizar seu sonho juvenil de ser um artista, sonho que nasceu na Galeria Nacional de Arte em Washington D.C., onde seu tio, que era superintendente chefe da planta física do museu, permitia que o garoto impressionado perambulasse livremente pelas galerias quando seus pais o traziam do Sul para uma visita.

Depois de escolher o mármore como sua matéria-prima, ele ingressou em um estúdio administrado por um renomado escultor, que se tornou seu professor e mentor. Por dois anos, ele estudou com cuidado e interesse, trabalhando por dias, noites e fins de semana, trazendo para casa grandes esculturas de mármore uma após a outra, até sentir que produzira trabalho suficiente para apresentar às galerias. Candidatou-se à galeria cooperativa Plêiades, no Soho, que no devido tempo concordou em montar uma exposição individual para ele. Ele trabalhou sem descanso para essa exposição, selecionando as peças, fotografando-as, juntando bases para elas e compilando catálogos de publicidade. Feito isso, começou a inscrever seu trabalho em competições para exposições coletivas, com sucesso cada vez maior.

Chegou a encontrar uma galeria em Honolulu quando nos estabelecemos lá em 1991, apenas três anos depois que adotou pela primeira vez um martelo e um cinzel. Na fundição do departamento de arte da universidade, aprendeu a fazer moldes de suas peças e moldá-las ele mesmo — até que sofreu o aneurisma e abandonou para sempre a fundição.

Quando seus médicos avisaram que trabalhar novamente com pedra iria fazer mal a seu coração, ele começou a experimentar outros materiais, mais leves: papel machê, isopor, cera, argila, plástico, materiais misturados. Ao decidir não gastar mais nenhuma energia criativa na demorada produção de exibir seu trabalho, fez centenas de desenhos e pinturas de todos os tamanhos, inclusive uma obra de arte circular, de 2 metros de diâmetro, nas cores azul-claro e rosa e toques de ouro que mudam dramaticamente, dependendo da luz e da hora do dia, como o verdadeiro cosmos que evoca. Nós a rolamos de seu estúdio até em casa pela calçada e a penduramos na parede em frente a nossa cama, onde nos cumprimenta todas as manhãs como uma segunda alvorada.

Depois disso, iniciou uma série de pequenas peças de argila e cera que ele moldou em bronze, cobiçadas por todos que as veem. Detestei me desfazer de apenas uma, mas acreditando que ele sempre poderia fazer mais, relutantemente o fiz. Logo, apesar do conselho dos médicos, ele voltou à pedra, sua primeira paixão, começando com peças menores do que antes, mas gradualmente aumentando a circunferência até fazer peças maiores. De novo trabalhou ativamente e com alegria todos os dias, ignorando os riscos. Se o trabalho encurtasse sua vida, ele disse, provavelmente valeria a pena.

No fim, não foi sua escultura que o derrubou. Foi o estúdio que construiu para mim no Maine sem instalar um corrimão apropriado no loft em que dormíamos. Ou a demência nascente, provavelmente resultado dessas sete horas na máquina coração-pulmão enquanto os médicos reparavam sua aorta, que salvou a sua vida, mas pode tê-lo deixado confuso quanto a para que lado se virar no escuro. Ou talvez, como ele afirmaria, era simplesmente a reduzida consciência e o tempo de reação que acompanham a velhice.

Algumas coisas da arte de Scott depois da queda seguem seu trabalho anterior, mas algumas são diferentes de tudo o que ele já fez antes — especialmente o grupo de desenhos que consiste em uma ou duas palavras caprichosamente esboçadas em muitas cores e formas:

Por quê?
Por que não?
Sim
Não
Sim não
Talvez
Não!
Sim Sim Sim
OK
OK Talvez
Poderia Acontecer

Serão essas as perguntas sobre as quais medita enquanto fica no sofá contemplando o espaço? São esses os conceitos a que o seu cérebro lesado deve se agarrar? Não consigo lembrar de nenhum desenho ou pintura antes de sua queda que mostrasse palavras, quanto mais palavras primordiais como essas. Seus novos desenhos apresentam o essencial da reflexão: por quê, por que não, sim, não, talvez — tão mais simples que as primeiras coisas escritas depois da queda que produziu para a fonoaudióloga em Rusk:

> A terra é a organizadora central dos pensamentos, conceitos e realizações progressivas. Nossos nascimentos são reais, mas nossas realizações são muito fortuitas.

A terapeuta viu nessas sentenças apenas as viagens incoerentes de uma mente atormentada por afasia receptiva, mas para mim elas pareciam tranquilizadoras, revelando que ele ainda era capaz de reflexão profunda. Para ateístas como nós, a terra, ou seja, o refratário mundo da matéria, é sem dúvida a base ou "a organizadora central" da consciência — significando "pensamentos e conceitos". Nossos nascimentos são reais, mas, depois disso, nada é previsível. Uma vez que você está nesse mundo, regras fortuitas — veja o que aconteceu com ele! Até então, os novos desenhos — *Sim, Não, Por quê, Poderia Acontecer* — parecem resumir as lições desse acidente: tudo pode acontecer a qualquer hora; nada nunca está garantido.

O poema "Qualquer evento", da prêmio Nobel polonesa Wislawa Szymborska, captura perfeitamente a misteriosa, incompreensível contingência da vida que agora e para sempre irá nos perseguir:

> Poderia ter acontecido.
> Teve de acontecer.
> Aconteceu antes. Depois.

Mais perto. Mais longe.
Aconteceu, mas não com você.

Você foi salvo, pois foi o primeiro.
Você foi salvo, pois foi o último.
Só. Com outros.
À direita. À esquerda.
Porque chovia. Por causa da sombra.
Por causa do sol.

Você teve sorte — havia uma floresta.
Você teve sorte — não havia árvores.
Você teve sorte — um trilho, um gancho, uma trave,
 um freio,
um batente, uma curva, um milímetro, um instante.
Você teve sorte — bem ali flutuou uma navalha.

Por conseguinte, porque, no entanto, apesar.
O que teria acontecido se uma mão, um pé
A um passo, por um fio de
Uma infeliz coincidência

Então você está aí? Tonto ainda de mais uma fuga,
 ralada, revogação?
Um só buraco na rede e você escapou?
Fiquei muda de surpresa.
Escuta,
Como o seu coração bate em mim.

Durante semanas, me dedico a preparar a exposição. Será a reentrada de Scott no mundo, um ano e dois meses depois do acidente. Nossos amigos mais próximos nos ajudam no que é necessário: Susan e Carol, ambas artistas, selecionam cinco grupos de desenhos da surpreendente grande produção de Scott e decidem como pendurá-los. O marido de Polly, Andrew, um designer gráfico, cria o convite, usando o desenho *Poderia Acontecer* como a imagem título da apresentação. Linda ajuda a encomendar o champanhe e a comida. Ann fornece o livro de convidados. Eu limpo, limpo e limpo. Em homenagem à antiga arte de Scott, armo uma mesa comprida em dois cavaletes para conter uma dúzia de pequenas esculturas de bronze, mais algumas poucas de pedra, dos anos que precederam o acidente, que trazemos da casa vizinha peça por peça. Depois trazemos mesas para comida, umas poucas cadeiras dobráveis, taças de champanhe, pratos, guardanapos e balde de gelo.

Visto que é impossível realizar essas tarefas com ele se arrastando atrás de mim, agitado, questionando e confuso, contato uma agência para enviar uma ajudante com o intuito de ficar com ele em nosso loft durante os últimos dias antes da exposição, de modo que possamos pendurar os quadros e terminar com eficiência os preparativos. Mas ele não quer saber de ajudante. Quando ela diz para não ir à casa vizinha, ele pragueja e grita com ela, estranha e carcereira, até que não tenho alternativa a não ser mandá-la embora. Contrato outra ajudante, mas é a mesma história. Então ele me acompanha para cima e para baixo entre os dois lofts.

Finalmente chega o dia do vernissage: domingo, 25 de setembro de 2005. É uma tarde brilhante, quente para a época do ano; o sol irradia pelas altas janelas para iluminar a admirável arte de Scott. Os convidados começam a chegar, alguns trazendo flores, até que as bordas das mesas e os peitoris das janelas se enchem de buquês de rosas, cravos, frésias, tulipas. Talvez haja sessenta pessoas; a maioria não viu Scott desde a queda. Ele os cumprimenta calorosamente, fingindo reconhecer cada um. Olá! Olá! Olá! Quando expressam a alegria de ver quão surpreendentemente bem parece, ele não faz ideia do que eles estão falando, mas consegue fingir tão bem que eles não percebem isso. Até na conversa ele convence, respondendo a perguntas como se suas respostas tivessem alguma relação com a verdade, e ninguém desconfia. Karin, que veio para me ajudar a cuidar da festa, por duas vezes leva Scott de volta ao loft para um breve descanso; e, cada vez, ele volta renovado, pronto para mais. De índole sincera, rejeita os elogios de nossos amigos com modéstia autodepreciativa, mas sei que ele está satisfeito tanto com os elogios quanto com a própria exposição. Quando a festa terminou e os convidados foram para casa, convictos da esperança de plena recuperação exposta nos meus e-mails ilusoriamente otimistas, Scott, cuja memória de longo prazo sabe quanto esforço requer montar uma exposição, começa a elogiar e me agradecer por "fazer todo esse trabalho — para mim". Nesta noite e durante o dia seguinte, enquanto os quadros ainda estão pendurados, ele continua a me agradecer, a beijar minhas mãos e a dizer repetidamente o quanto está feliz. É tudo o que eu esperava.

Mas uma vez desmontada a exposição, ele não tem lembrança dela, nem mesmo de que aconteceu. Nenhuma. E novamente me deparo com a questão recorrente: valeu — vale — o esforço? Se sim, para quem? Pensei que valesse para ele, mas se ele de nada se lembra? Então valeu para os convidados, que foram ilusoriamente tranquilizados? Para mim?

No dia após a desmontagem da exposição, um caminhão carregado com suas coisas chega do miniarmazém. Ferramentas, equipamento, portfólios de desenhos, várias pinturas, pedras grandes e pequenas, além de estantes, mesas, cadeiras, lâmpadas, livros, tudo amontoado em pilhas misturadas contra as paredes. No dia seguinte, os homens da mudança voltam para me ajudar a estabelecer a ordem. Uma vez que o novo espaço é mais amplo que o velho estúdio, definimos áreas separadas para trabalhar e viver.

Nossas novas vidas estão prontas para começar.

Karin se muda para o estúdio, me ofertando cinco preciosas horas de liberdade a cada dia da semana. Exatamente como fiz quando meus filhos começaram a pré-escola, deixando-me em paz por três horas ao dia, assim que Karin se ocupa de Scott, desligo o telefone e vou trabalhar, escrevendo sobre minha vida com ele.

Eu não esperava escrever sobre tema tão particular e difícil até que um amigo em quem confiava, que por acaso é editor, continuou a insistir em que um verdadeiro relato da guinada que as nossas vidas deram poderia produzir um livro que valesse a pena. No início, fiquei cética, mas uma vez que estávamos improvisando todo o resto em nossas novas vidas de território desconhecido, aos poucos cheguei a gostar da ideia. Certamente nenhum outro assunto estava mais próximo dos meus pensamentos, e havia a possibilidade de que escrever sobre isso me ajudasse a entender. Por que não tentar? Scott estava inteiramente a favor. Decidi ler para ele os capítulos à medida que os escrevia e deixar que ele desse a palavra final (embora no fim, como sempre me apoiando, ele não contestasse uma única palavra).

Então acontece que todos os dias, às nove horas da manhã, expulso o verdadeiro Scott para recepcionar o virtual, que permanece comigo na página até as duas horas da tarde, quando o Scott de verdade abre a porta, exclamando: "Olha só quem é! É minha linda esposa!", e me abraça como um guerreiro que retorna da batalha.

Enquanto isso, no outro loft, Karin tenta todos os truques que conhece para fazer Scott esculpir ou desenhar de novo, mas ele teimosamente resiste, exceto em algumas ocasiões, quando ela o seduz a trabalhar ao seu lado em um desenho conjunto. Entristece-me ver que ele não pode mais fazer aquilo que um dia mais o cativou. Será por que ele de alguma forma sabe que seu novo trabalho não vai se igualar ao antigo ou é simplesmente consequência do dano a seu córtex frontal? Fazer um simples desenho requer decidir o que desenhar, que meio usar, que escala, quais cores, onde colocar o primeiro traço, depois o próximo — tudo isso ainda está além de sua capacidade.

Faço o pacto com o diabo — ou será com um anjo? Não estou certa. Contanto que eu tenha cinco horas ininterruptas para mim, eu lhe cederei generosamente o resto de meu tempo. Sei que o pacto só irá funcionar se eu não fizer nada para mim mesma durante as horas em que estou com ele — nem trabalhar, nem ler, nem telefonar. Está longe de ser meu meio de vida preferido, mas se falhar seremos atormentados pela discórdia e pelo ressentimento, uma punição do demônio, e se eu for bem-sucedida serei recompensada com uma dádiva de tranquilidade de um anjo. Vi isso escrito no *36-Hour Day*: resignar verdadeira e completamente a sua condição ou ser condenada a uma vida de conflitos.

Fins de semana de inexoráveis cuidados são difíceis, mas quando Karin vai para casa, no Texas, para o feriado de Natal, eu tinha domínio quase completo desta arte. Sabendo que ela logo estaria de volta, coloquei de lado meu manuscrito e com ele os meus desejos. Como turistas, captamos os prazeres da cidade, como se voltássemos àquelas tardes de terça-feira quando começamos a morar juntos e, embora agora caminhemos mais lenta e cautelosamente ao longo das ruas lotadas no feriado como pessoas comuns que envelhecem, damos as boas-vindas a 2006 em duas festas de réveillon, como se nada tivesse mudado. O foco de minha atenção, Scott, está tão feliz e amável quanto uma criança.

Passo um e-mail para Linda: "Desde que Karin saiu de férias, temos tido muitos dias seguidos de ausência de conflitos e dias tranquilos cheios de amor. Acho que agora sei o segredo: não desejar fazer nada para mim mesma. Passar todo o nosso tempo juntos — seu desejo mais profundo. Nenhuma vontade, nenhum anseio; sem ressentimento, sem conflito. Simples e gratificante."

Ao que ela responde: "Serão os dias cheios de amor o maior bem para você (para *você*?). Não há algo que preferiria fazer nessas horas em que vocês passam juntos?"

É claro que eu preferiria ter nossa antiga vida de volta, ficar sozinha para escrever e pensar enquanto Scott sai para seu estúdio. Mas essa não é uma opção. E se tento trabalhar enquanto ele está por perto, nossos dias estão arruinados. Por que escolher a infelicidade? Muito melhor ter dias quase perfeitos do que estragados por conflito ou envenenados pelo ressentimento. Como a juventude — tolo querê-la de volta, especialmente quando a idade tem as suas próprias recompensas.

— Queria te perguntar uma coisa quando você tiver um tempinho — diz Scott, vindo até minha escrivaninha, onde estou respondendo a um e-mail. Completo a mensagem, e então:

— O que é? — embora saiba o que ele vai perguntar. Apenas três perguntas permaneceram em seu repertório: *O que posso fazer para ajudá-la? Quando vamos ver as crianças?* E a terceira, que ele faz meia dúzia de vezes ao dia e agora está quase se manifestando:

— Posso levá-la para jantar fora? — Mesmo que tenhamos acabado de comer e estejamos a horas da próxima refeição, esta é a pergunta de todas as horas.

— Não, esta noite vamos comer em casa. Já comecei a preparar o jantar.

— Então possa levá-la para almoçar fora?

Balanço a cabeça.

— Almoçamos há algumas horas. Mas obrigada por perguntar.

A começar do dia em que ele reapareceu em minha vida e se recusou a provar aquelas entradinhas que preparei para ele, esta desavença se tornou uma de nossas lutas mais frequentes: minha vontade de cozinhar versus a sua vontade de sair para comer. Ele simplesmente não acreditava que cozinhar para mim é um prazer criativo. Ao contrário, considerava isso como alguma espécie de sacrifício baseado no gênero que o mostrava como explorador sexista — uma autoimagem tão inaceitável que ele faria quase tudo para evitá-la. (Quer dizer, qualquer coisa menos cozinhar para nós.

De fato, durante os verões, enquanto eu estava no Maine, ele sempre comprou verduras na feira em Union Square e as trouxe para cozinhá-las no vapor e comê-las sobre cuscuz ou massas. Mas insistiu em que um cardápio assim era "simples" demais para me servir e, ao invés disso, tentou receitas tão complicadas e difíceis que, embora dignas de sua estima por mim, estavam fadadas a fracassar e ele logo se deu por vencido.)

A culpa que sente pelo prazer em minha mesa, intensificada pela apreciação entusiasmada por minha comida, pode ter sido estimulada por um artigo que uma vez escrevi chamado "Um acordo de casamento", que propunha que um casal deveria dividir igualmente todas as tarefas domésticas. Ou talvez tenha começado com a aversão de sua primeira esposa a cozinhar. Qualquer que seja a causa, para me poupar o trabalho e diminuir sua culpa, adotou a única solução em que poderia pensar: restaurantes.

Quando, após anos de tentativas, finalmente o convenci de que eu realmente gostava de cozinhar, preferindo noites tranquilas em casa a rodar, ele concordou em limitar seus convites para jantar a uma ou duas vezes por semana e em ficar longe da cozinha enquanto eu preparava as nossas refeições, deixando que ele fizesse a limpeza. Este acerto, um triunfo entre a concessão e o prazer culinário — que por uma estação do ano ele registrou fotografando cada jantar —, durou até o dia em que ele caiu. E agora aqui estamos nós de novo, travando a velha batalha.

— Posso levá-la para almoçar fora? — repete, se agarrando a sua fixação.

Cansada de explicar e sabendo que ele, de qualquer forma, não vai lembrar, proponho:

— Hoje não, mas talvez amanhã, se você quiser — adotando a *mentira criativa* recomendada por um folheto de conselhos para cuidadores. Ou recorro à resposta evasiva para todas as ocasiões, universalmente usada com crianças:

— Vamos ver.

Justamente quando comecei a aceitar todas as implicações da condição de Scott, agora que o primeiro ano de recuperação passou, ele dá uma guinada para melhor nos cruciais departamentos cognitivo e de memória, e recomeça a assustadora montanha-russa que eu achara que tinha chegado ao fim. Será que ouso ter esperanças de novo?

Em um instante ele está deitado em frente à janela como sempre, erguendo os olhos para as lanternas de papel japonesas vermelhas pairando do teto, e no minuto seguinte está ficando de pé, enrolando um jornal e agitando-o em direção às lanternas a fim de insuflar ar bastante para movê-las.

Fico petrificada, quase incapaz de acreditar no que estou vendo. Uma mostra de iniciativa que ainda não tinha visto desde antes do acidente! Ele tem um desejo, o transforma em um plano racional, lembra-se do plano, reúne a energia e o executa, agitando mais e mais o jornal até que quase é bem-sucedido em seu objetivo. Mas ainda não está forte o suficiente e logo volta a deitar no sofá.

— O que você estava fazendo ainda agora?

— Estava tentando fazer com que uma dessas lanternas se mexesse, mas receio que não tenha funcionado.

— Mas vai funcionar quando você estiver mais forte. Pronto. Vou abrir uma janela e deixar a brisa do inverno fazer isso.

Depois corro para o computador com o propósito de relatar por e-mail este acontecimento importante a meus amigos mais chegados e a minha família.

Karin informa que a pressão exercida sobre ele muito de vez em quando surte efeito: se ela escolhe o material e o assunto e começa a trabalhar com ele, ele se dispõe a desenhar um pouco. A cada duas semanas, ela traz um desenho feito por ele — agora um de elefantes, um barco a vela de encontro ao horizonte, e esses dias um retrato vibrante, vivo, de flores púrpura, um prenúncio da primavera.

Sua memória está melhorando inquestionavelmente. Quando o flebotomista, que reduziu suas visitas diárias a uma vez por mês agora que o seu tempo de coagulação se estabilizou, liga para marcar de tirar sangue na manhã seguinte, informo isso a Scott por gentileza, dificilmente esperando que ele se lembre. Na cama, na manhã seguinte, tão logo abre os olhos, ele me surpreende ao me perguntar:

— A que horas o vampiro vem chupar meu sangue?

Do outro lado da acidentada montanha da noite e da perigosa estrada do sono ele se lembrou desse fato; não uma recordação antiga, mas uma recente. Alegro-me como se fosse meu filho que estivesse dando o primeiro passo.

E mais! Uma noite, na hora do jantar, ao me ver escutando música no rádio em um semitranse, pergunta:

— No que você está pensando?

E quando balanço a cabeça, acrescenta:

— Um centavo pelos seus pensamentos.

O fato de ele querer saber em que estou pensando revela uma nova consciência, por muito tempo perdida para ele, de que cada mente é um mundo interior separado no qual ninguém pode penetrar sem convite, um mundo de segredos. Se os meus pensamentos valem um centavo para ele, seu conhecimento recém-recuperado vale um milhão para mim.

Em um sábado pela manhã ele de repente fica ansioso para sairmos e caminharmos. (O maior elogio que me faz esses dias, dito com admiração ofegante, é: "Você caminha tão bem!")

— Qual é a pressa? — pergunto. — Ainda é cedo.

Ao que ele responde:

— O dia está passando. Ficar dentro de casa é uma grande perda de tempo.

Quanto de cura se revela nesta frase dita sem pensar, uma *perda de tempo*! Primeiramente, há o próprio conceito de *tempo*, recuperação importante. Agora, quando pergunto a ele em que ano estamos, ele em geral responde corretamente, ao invés de dizer 2004 (o ano de sua queda), como disse durante todo o ano seguinte. E contida no conceito de tempo como algo limitado, útil, a não ser desperdiçado, está a ideia de *futuro*, e sua íntima relação com *esforço* e *realização*. Será que estes poderosos mecanismos estão voltando?

Finalmente, chega o momento em que ele é capaz de enfrentar as páginas bastante confusas e os anúncios desordenados da revista *Time* para localizar para mim quase no fim uma pequena resenha do primeiro livro de Polly. E vez de abandonar esta busca desafiadora depois de umas poucas páginas, ele consegue manter o foco ao longo de toda a busca até conseguir anunciar:

— Aqui está! — e — Olha só!

Conforme ele melhora, eu também melhoro — excitada e energizada. Mas quando ele piora, fico pior. Novamente — o melhor, o pior.

Nada do que li me levou a esperar que cada uma de suas melhoras fosse acompanhada por uma expansão de seus desejos e, um a um, pela frustração desses mesmos desejos, fazendo deste homem outrora extremamente cortês, comedido, um estranho cada vez mais volúvel. Ao ver seu progresso, me permito esperar mais dele do que ele pode conseguir, e minha frustração cresce juntamente com a dele. Quando pede a conta antes de o prato principal ter chegado, quando insiste em sair da sala de cinema para ir ao banheiro precisamente no clímax do filme, quando arranca um grande pedaço de bolo que acabei de assar para uma festa, minha surpresa e irritação explodem antes que eu possa reprimi-las, ao que ele responde com acessos explosivos, por vezes assustadores. Os mais frequentes dizem respeito a seu desejo de sair sozinho.

Por que eu não deveria? Sempre saí sozinho.

Porque não é mais seguro.

Isso é ridículo. O que poderia acontecer?

Você poderia se perder. Ou se machucar.

Quer dizer que sou prisioneiro em minha própria casa!

Não um prisioneiro. Alguém com uma lesão no cérebro.

Você está trazendo este assunto à tona de novo? Não quero saber disso!

E em questão de momentos ele está novamente se precipitando porta afora e novamente devo bajulá-lo ou ameaçá-lo para que ele não saia. Às vezes penso, então está certo, vá! Se perca! Se destrua! Mas o pensamento permanece não dito e não tenho escolha a não ser largar o que estou fazendo, enfiar meus pés em um par de sapatos, pegar um casaco e, mesmo que eu esteja fervendo de ressentimento, avançar porta afora atrás dele.

Mas a boa vontade invariavelmente nos salva. Logo que a provocação termina, nossa raiva desaparece: a dele porque não consegue lembrar o problema, a minha porque não consigo esquecer o motivo.

Ocasionalmente, é ele quem restabelece a paz. No meio de uma briga, apesar de sua desvantagem cognitiva, traz uma foto emoldurada de sua penteadeira para a cozinha, coloca-a em minha frente e diz: "Dê uma boa olhada. Esta é a esposa que eu costumava ter", transformando minha raiva em um doloroso remorso. Sempre fomos rápidos em fazer as pazes e perdoar, mas agora o perdão é supérfluo. Visto que ele não tem controle sobre qualquer uma de suas reações, então não interessa quem possa ter começado, eu sou obrigada a terminar — distraindo-o com uma tarefa (gosta tanto de ser útil) ou com um beijo, o truque dos contos de fadas para transformar a besta de novo em um príncipe. A advertência em *The 36-Hour Day* (reduzidas por Karin a 31, exceto nos fins de semana), de que *cabe a você prevenir uma crise antes que ela comece, permanecendo calma, gentil e compreensiva*, ainda continua valendo, por mais que ele tenha melhorado muito.

Se este for meu fardo, também existe um alívio secreto: cada coisa impulsiva, irritada, cruel ou tola que eu diga ou faça, ele, misericordiosamente, imediatamente esquecerá.

Mesmo depois de aceitar a deficiência de Scott como permanente e me conscientizar de que a atenção meticulosa exigida para criar arte provavelmente nunca voltará, por vezes me pego esperando que um dia, se eu for paciente e boa, nossas vidas voltem ao normal. Essa esperança irracional me faz continuar tentando ensinar a ele velhos truques e lhe mostrar como melhorar. Do lado de dentro da porta, com suas três fechaduras, coloquei três avisos: dois dizem "NÃO GIRE ESTA FECHADURA" e o outro diz: "USE APENAS ESTA FECHADURA!" Os lembretes estiveram ali por mais de um ano e meio, em vão: na maior parte do tempo ele continua a não acertar. No entanto, não posso desistir e removê-los. Esqueço que nossas vidas já estão normais, nosso novo normal, já que a nossa vida é assim agora, com seus prazeres e obstáculos diários, assim como nossas vidas antes eram normais.

Se eu for honesta, verei que outras fases foram piores — como o momento do divórcio, com o inevitável preço pago pelos nossos filhos. Tão grande era a minha ansiedade durante essa época estressante que algumas vezes temi que, mesmo depois que tudo estivesse resolvido, as coisas pudessem piorar e talvez nunca melhorar.

E agora vejam. Depois desse divórcio, duas décadas de amor.

Estamos em uma dessas vibrantes tardes de domingo no começo de abril, que é a glória de uma primavera em Manhattan. Os cafés estão se enchendo de jovens apressando a estação ao usar sandálias e camisetas de mangas curtas, absorvendo o sol. Quem não ficaria estimulado a caminhar pela 7ª avenida — ou, qualquer avenida principal de West Village, da 5ª à 8ª, ou da rua Bleecker à Hudson — e de repente contemplar as ruas a leste ou a oeste para novamente ficar deslumbrado pela súbita explosão de árvores florescendo, formando uma copa contínua de flores brancas ou cor-de-rosa defronte às antigas *town houses*?

— Não é simplesmente glorioso? — exclama Scott, com uma impressionante respiração rápida para dentro. No duro concreto da cidade a simples visão dessas árvores brilhando na luz do sol deve elevar até os espíritos mais aflitos, não importa quantas primaveras em Manhattan (para mim mais de cinquenta) tenhamos vivenciado ou (no caso dele) esquecido. Nas ruas laterais há dezenas de minúsculos e encantadores jardins na parte da frente das casas já cheios até a borda de tulipas brilhantemente coloridas, narcisos e amores-perfeitos, além de jardineiras transbordantes de gerânio.

Como iríamos escolher entre os restaurantes com seu irresistível aroma de café recém-moído ou os cafés nas calçadas lotadas de pessoas cheias de vida, bebericando mimosas ou Bloody Marys enquanto dão a primeira garfada em seus *eggs Benedict* ou omeletes de cogumelo e espinafre acompanhados de salada verde e batatas fritas?

— Você escolhe — diz Scott. — Não me importo, desde que estejamos juntos.

Embora ele seja capaz de se alegrar com o despertar da primavera e saborear um brunch no fim de semana, faltando três meses para completar dois anos desde o acidente, continua incapaz de tomar a mais simples decisão. E os especialistas, não importa o quanto saibam sobre o cérebro, continuam a não poder oferecer ajuda.

Há muito tempo se sabe que locais específicos do cérebro controlam determinadas tarefas complexas, porque um dano nessa área, seja por lesão, seja por doença, provoca perda de funções específicas — como a capacidade de entender e expressar a linguagem, reconhecer rostos e outros tipos de objetos, ver cores, processar sons e movimentar partes do corpo. A internet está cheia de diagramas deste órgão sublime, mostrando seus dois hemisférios e as várias partes e suas funções. Em geral, a linguagem, a matemática e o raciocínio abstrato estão centrados no hemisfério esquerdo, enquanto a informação espacial e visual, bem como as funções como a dança e o atletismo, estão centradas no hemisfério direito. Grosso modo, os lobos centrais controlam as "mais altas funções" de cognição, concentração, planejamento e controle emocional; os lobos temporais, lidam com a escuta e a linguagem; os lobos parietais com a orientação do corpo; os lobos occipitais, com a interpretação visual; os lobos límbicos, com o sexo e as emoções. Nisso e em mais outras coisas, os cérebros humanos são todos parecidos. Mas este conhecimento contribuiu muito pouco para possibilitar a cura. Além de manter o paciente estimulado e ocupado, há poucos tratamentos efetivos para a LCT, exceto o tempo — e quanto tempo não se sabe dizer. Alguns recortes que guardei do *The New York Times* registram uma vítima de trauma cerebral recuperando a fala depois de 19 anos de mutismo, e outra que volta à vida em família após dez anos sem afeto ou memória, muito embora, citando um professor de medicina de reabilitação: "Uma vez lesionado cerebral, você é sempre lesionado cerebral, para o resto da vida... Não há cura, apenas compensação intensiva." A fisioterapia pode levar alguns a caminhar novamente ou melhorar a destreza e a coordenação; terapia cognitiva de cura pode melhorar a concentração e a atenção de alguém por meio de simples exercícios mentais repetitivos ("Isso não é para mim", avisa Scott com firmeza quando leio para ele esse parágrafo. "Só quero ser eu mesmo"); e no lugar da memória falha, para a qual não há cura, os pacientes são encorajados a desenvolver estratégias de compensação, tais como escrever notas copiosas para si mesmos (que eles de alguma forma devem lembrar de consultar) ou, como Scott, confiar em outra pessoa para lembrar a eles.

Quanto às demências degenerativas associadas à idade avançada, em que as células morrem, as conexões neurais se degeneram e o cérebro gradualmente encolhe — tais como no mal de Alzheimer, com suas características placas e emaranhados obstruindo os neurônios do cérebro e detectáveis apenas durante a autópsia; a demência vascular, resultante de uma série de mínimos derrames; ou distúrbio de memória relativo à idade (DMRI) —, são no momento passagens só de ida para o esquecimento. Tão pouco se sabe sobre suas causas e sua cura que ao menos um proeminente neurologista — Peter Whitehouse, em *The Myth of Alzheimer's* (O mito da doença de Alzheimer) — acredita que não há uma fronteira nítida entre o envelhecimento normal e o mal de Alzheimer, e que as poucas pílulas que afirmam retardar o declínio (reconhecidamente por não mais do que seis meses, uma ninharia) podem beneficiar mais as indústrias farmacêuticas do que os pacientes.

No caso de Scott, tanto a LCT quanto a irreversível demência que provavelmente começou com sua cirurgia cardíaca e se acelerou de maneira explosiva com a sua queda estão agindo, e a forma como estas duas trajetórias vão impactar uma à outra continua tão misteriosa e imprevisível que nenhum médico arrisca um palpite. Mais uma vez, a ironia dá as cartas. Se o tempo trabalha a favor de Scott quando se trata da LCT, também está trabalhando contra ele quando se trata da demência. A primeira só o tempo pode ajudar, enquanto a última o tempo só pode piorar.

Na reta final, o melhor e o pior disputam cabeça a cabeça, competindo contra o tempo.

No dia seguinte ao domingo em que saímos, chamo nosso contador para uma reunião a fim de verificar as informações do imposto de renda, dando-lhe a chance de um encontro pela manhã só comigo ou um encontro à tarde comigo e com Scott.

— À tarde, é claro — diz.

Estou surpresa. Durante este período, para ele a época mais corrida do ano, eu esperava que optasse pelo encontro mais breve possível, quase improvável se Scott estivesse junto.

— É mesmo? Por quê?

— Porque Scott é uma das minhas pessoas preferidas no mundo. Ele é um cavalheiro absolutamente perfeito. Eu o respeito e admiro além das palavras.

Depois acrescenta, como se estivesse advertindo:

— Não me importa o que você me diz a respeito do que lhe aconteceu, ele se conduz como ninguém que eu conheça e nunca será menos do que isso para mim.

Jamais pensei que Scott tivesse deixado uma impressão tão forte — especialmente em alguém que ele só via uma vez por ano, na época do imposto. Eu não podia deixar de observar o efeito de sua notável boa aparência e sua doçura, que impressiona até mesmo estranhos. Na festa que dei em nosso loft para lhe apresentar aos meus amigos, quando ele se mudou para Nova York, Hope sussurrou em meu ouvido:

— Ele é *divino*!

E outra amiga, que estava presente naquele dia, recentemente me confessou o quanto sentiu inveja de mim quando o conheceu, deixando subentendido que não sente mais. Mas as opiniões de outras pessoas sobre ele continuam me surpreendendo.

Seu dentista, por exemplo, expressa o afeto por Scott à acompanhante de Scott, a quem o recomendei, que ela me reporta via e-mail:

> O médico me contou como ele sempre tenta marcar uma consulta de uma hora com Scott, para que eles possam conversar nos primeiros trinta minutos e então, depois, ele pode examinar os seus dentes, porque, mesmo que tenha tido um dia ruim, Scott sempre o faz sorrir — como ele chega, conta piadas, sempre tão positivo, uma qualidade incomum e especial. E como eles se dão muito bem porque o pai de Scott e o tio (certo?) eram dentistas. E disse o quanto passou a gostar dele nos últimos sete anos. Obviamente (acrescentou), não fiquei surpresa!

Ao jantar com Susan e Carol, de quem eu era amiga muito tempo antes de Scott tornar a entrar em minha vida, Susan começa a falar com uma emoção mal controlada a respeito da ausência de Scott da mesa:

— Você é uma das minhas amigas mais antigas e gosto muito de você, mas sinto falta de Scott mais do que você imagina.

— Sério? Do que é que você sente falta?

— Para começo de conversa, ele era sempre a pessoa mais inteligente no recinto. Era aquela pessoa com quem eu contava para me falar dos fatos reais, sobre o que era o que — sobre política, economia, a maneira como o mundo funciona. Ele me explicava coisas que eu não entendia, e se estava insegura, adotava seu ponto de vista. E ele era sempre tão generoso e prestativo. Sinto falta de tudo isso.

— Sim — diz Carol. — Eu também sinto. Não estou minimizando a inteligência e o discernimento, mas sinto falta é do conforto que ele dava. Era tão doce, encantador, compreensivo. — Depois, balançando a cabeça devagar, acrescenta: — Uma perda assim em tantos níveis.

Novamente: surpresa. Onde eu estava que não sabia o que ele significava para elas, mas apenas o que significava para mim?

Agora que minha curiosidade foi despertada, pergunto a Polly o que ela particularmente sente falta nele, e ela responde ao meu e-mail:

> Ele costumava observar tudo. Sabia como as coisas eram construídas, onde estavam, de que eram feitas — uma curiosidade intelectual, profunda, sobre o mundo físico. E a forma suave, modesta, de explicar as coisas, sempre informativo e nunca pomposo ou cheio de si. E também sua impaciência; que ainda está presente, é claro. E a maneira como era tão dedicado a você; que também está presente.

Lembro de sua filha, subitamente chorando ao telefone a falta que sentia das frequentes ponderações e dos conselhos de Scott, quando telefona para discutir um problema profissional comigo (reles substituta).

Para cada um, ele representava algo diferente: perfeito cavalheiro, palhaço divertido, homem do mundo, ombro amigo, um observador atento, conselheiro confiável. E, embora cada uma dessas reações me surpreenda, ele pode ser reconhecido em todas elas. Expressas principalmente no pretérito, elas parecem homenagens em um velório, reverenciando o homem que ele costumava ser. Isso é bem mais gentil que a reação de muitas pessoas, que, achando difícil olhar de frente o sofrimento sem sentir medo, horror e temor, fogem dos portadores de demência como se fossem contagiosos ou os mantêm afastados como se estivessem mortos — o que pode explicar o pequeno número de visitantes em asilos. Mas para mim, que preciso diariamente conciliar a estranha disjunção entre o antes e o agora, ele causa impacto de maneira mais incisiva no surpreendente e contínuo presente.

Pouco antes do prazo final, preencho cheques para pagar os impostos do ano passado e para o carnê-leão deste ano, dois para a Receita Federal e dois para o estado. Coloco-os em envelopes, com as devidas declarações e protocolos, e neles escrevo os endereços com cuidado. Depois que Scott cola os selos e as etiquetas de remetente, coloco todos os quatro envelopes onde sempre deixamos a correspondência, debaixo do pano em cima do móvel que fica no corredor de entrada.

Mas na manhã seguinte, um sábado, quando procuro por eles para levar ao correio, eles não estão lá.

Começo a procurar, olhando por toda parte, sem sucesso. Sentindo-me afundar, lembro que, durante todos os anos em que fizemos juntos nossos impostos de renda, Scott em uma mesa, eu em outra, ele ficava nervoso e irritado durante dias até que a tarefa estivesse pronta e as declarações fossem postadas. Pensei que, uma vez que eu me encarregara de nossas finanças, ele finalmente estaria livre de preocupações com a época dos impostos. É claro que não.

— Onde você acha que pode ter escondido estes envelopes? — pergunto.

— Eu? Por que eu faria uma coisa dessas? — responde, indignado.

Depois de uma hora de cuidadosa busca, finalmente os encontro no guarda-roupa, em uma das prateleiras de Scott, escondidos entre seus suéteres. Ele está abalado. Enquanto antes se aborrecera quando sugeri que ele tinha alguma coisa a ver com o seu desaparecimento, agora desmorona em uma cadeira, arrependido, repetindo: "Oh, meu Deus!" e "Como pude fazer algo tão estúpido?"

Saímos a caminho do correio. A essa altura já é quase meio-dia; a fila vai estar grande. De fato, é a mais longa que já vi — exatamente a situação que traria à luz sua impaciência e beligerância. Prevendo que não haverá lugar para ele se sentar, por precaução levei o banquinho dobrável que comprei pelo correio, mas pela primeira vez ele se recusa a sentar (outro sinal de que está fisicamente melhor), decidido não a ficar confortável, mas a *concluir o trabalho*. Não consegue entender o fato de que há uma única fila abastecendo os cinco guichês e de que não é para furar a fila e ir diretamente a um deles. Enquanto tento repetidamente explicar, ele aperta os dentes e resmunga baixinho, até que sinto que dentro de pouco tempo ele vai começar a gritar: "Tire seu maldito focinho da minha frente!"

Finalmente, na hora H, chega a nossa vez no guichê e saímos do correio sem maiores problemas. Estou contente por ter conseguido manter a calma, mas a experiência foi demais para ele. No caminho para casa ele para exatamente no meio da 7ª avenida para gritar com o motorista de um grande caminhão, esperando para fazer uma curva. Ele golpeia repetidamente o caminhão com seu chapéu e um saco plástico, e finalmente perco o controle, furiosa por ele ter tão pouco senso de perigo e propriedade.

— Aquele caminhão é uma arma. Ele poderia tê-lo atropelado. Que estupidez atacar um caminhão e gritar com o motorista no meio do trânsito.

Ignorando quão mais estúpida eu era por esperar mudá-lo apelando para a razão, violei o primeiro item de uma lista da página de "Técnicas de cuidados e convivência para cuidadores", que baixei recentemente:

> Evite recusas e respostas negativas ou ordens. Tente não dizer "não" ou "não faça". Tente não discordar ou discutir. Tente não responder de jeito algum se as respostas não forem positivas ou ao menos neutras. Responda a questões negativas de maneira indireta, ou não responda.

Estamos a uma quadra de casa, não há mais ruas a atravessar. Sabendo que ele vai me seguir, saio da calçada, dobro em nossa rua e entro em nosso prédio, deixando a porta se fechar atrás de mim.

Agora quem é que está ignorando as consequências do comportamento irracional?

Antes que chegue o elevador, estou arrependida e um pouco assustada, embora não o suficiente para sair e buscá-lo lá fora. Em vez disso, me detenho no lobby para checar nossa caixa de correio, mantendo um olhar ansioso em direção à porta.

E lá está ele, meu querido, tateando suas chaves. Ele chega ao prédio cumprimentando vizinhos com um sorriso, completamente esquecido de nossa briga, e eu estou livre de uma enrascada — exceto perante mim mesma.

A "técnica" final na nova lista é de pouco consolo: *permita-se erros. Tente não se sentir culpada por sentir raiva. Lembre-se, você é apenas humana.*

SETE

Viajando

Durante um ano depois de sua queda, eu me dediquei a curá-lo. Mas no segundo ano, quando me adaptei a seu permanente distúrbio, tive de retificar a minha meta. Ao invés de dirigir todo o esforço no sentido de sua recuperação, voltei-me para construir para nós uma vida tão satisfatória quanto possível, o que incluiria tempo para ele e também para meu próprio trabalho ("E a sua meta?", pergunto a ele. "É fácil", diz. "Fazer com que você continue a me amar".)

Seu trabalho, finalmente admito, acabou, apesar dos desenhos ocasionais que faz com Karin e de persistir em dizer que é claro que continua a fazer arte, apenas "não hoje". É cruel continuar a insistir para que ele tente quando resiste firmemente. Deixado à vontade, prefere simplesmente passar o tempo comigo — se empoleirando bem atrás de mim no sofá de dois lugares enquanto estou no computador, apoiado em travesseiros em nossa cama enquanto me visto, sentado na desconfortável cadeira com encosto de ripas em frente à cozinha enquanto preparo comida, ou ainda recostado observando as lanternas vermelhas e o céu azul, perguntando de instante em instante, das profundezas de sua essência compassiva:

— O que eu deveria estar fazendo agora? — e — Como posso ajudar? — lembretes de que sua condição, mais do que libertá-lo do desejo, deixou-o se sentindo culpado por "não fazer" seu "trabalho".

— Você faz tudo por aqui e eu não faço nada — protesta. — Como me aguenta?

Será que eu deveria elaborar tarefas para ele que demandam muito tempo, o que exigiria minha constante supervisão, para fazê-lo se sentir útil como fazemos com uma criança? Diferentemente de uma criança, ele não pode aprender com elas, então qual o propósito? Em vez disso, tento confortá-lo com *de cada um conforme a sua capacidade, a cada um conforme a sua necessidade* ou *na alegria e na tristeza, na saúde e na doença* e imagino distrações para nos divertir juntos. Isso acaba sendo quase as mesmas coisas que sempre fizemos, a única diferença é que agora, em vez de fazê-las apenas nos fins de semana ou feriados, elas se tornam parte de nossa rotina, até que as nossas vidas parecem não ser mais do que férias perpétuas, já que todas as tardes saímos para seguir nossa imaginação aonde quer que ela leve, compartilhando não apenas as refeições, mas também, à tarde, um café ou um chá.

Todos os dias, depois que apanhamos a correspondência, enquanto abro as contas, Scott examina o constante fluxo de catálogos de viagem exóticos e diz que gostaria de me "levar" para a África, para a China, para a América do Sul, para as ilhas Galápagos, para a Grécia e a Turquia — todos os lugares onde nunca estivemos juntos.

Balanço a cabeça e sorrio. Já é bastante difícil se arranjar em casa, onde tudo é familiar. Ele não pode chegar a imaginar as dificuldades de levá-lo para fora do país. No entanto, uma vez que nossas vidas assumem certo ar de normalidade, a ideia de viajar começa a se infiltrar novamente — primeiro como renúncia e perda, depois como possibilidade. Desde que estamos sentenciados a "férias" compulsórias, as viagens, que eu achei que tinham acabado, começam a me tentar novamente, especialmente porque Karin está indo para casa, no Texas, durante as férias de primavera, me deixando mais uma vez sozinha para cuidar dele. Se pudéssemos encontrar algum lugar confortável, onde as maiores dificuldades seriam tratadas, um lugar para onde pudéssemos voar sem escalas e onde pudéssemos permanecer por mais ou menos uma semana... Então por que não tentar? Uma mudança de cenário seria muito bem-vinda.

Considero a possibilidade de lugares próximos, México ou alguma ilha do Caribe, e penso em amigos que talvez estivessem dispostos a nos acompanhar. Talvez Polly pudesse mostrar compaixão. Ou Sarah e George — imagine a sensação que iríamos causar, duas mulheres idosas cheias de energia, cada uma arrastando um cônjuge portador de demência.

Em meio as minhas fantasias, Heather e Norm, em uma atitude de compaixão (ou de piedade?) pela qual sempre serei grata, sugerem que nós nos juntemos a eles na Toscana, onde alugaram a "Vila" (uma recém-restaurada casa de fazenda) de um amigo por dez dias em maio, ao fim do período letivo da New York University. Norm dirigiria e Heather seria a copiloto, deixando-me livre para me concentrar em Scott. Ou, sugere Heather, já que a casa tem um pequeno quarto extra, eu poderia chamar uma acompanhante para vir conosco.

Aceito sem nenhuma hesitação. Estando Karin indisponível, requisito uma das outras acompanhantes de Scott, aluna do último ano da New York University, chamada Becca, que nunca esteve na Europa e que concorda, em troca de ter as despesas pagas, em nunca deixar Scott fora de suas vistas. Prometo a mim mesma que se, apesar de todas as minhas precauções, a viagem for muito cansativa, daremos meia-volta e voaremos para casa.

— Aqui estamos, querido — exclamo com prazer. — Finalmente! Roma.

Procuro no aeroporto de Roma a cadeira de rodas que reservei para Scott na esperança de que a atendente nos conduzisse rapidamente ao controle de passaporte e à alfândega. Tentei prever qualquer eventualidade em um esforço para fazer com que isso funcionasse. A cadeira de rodas; dois celulares italianos alugados, um para Becca e Scott e um para nós, para nos comunicarmos quando nos separarmos; seguro de viagem para cobrir problemas de saúde, cancelamentos e, em caso extremo, repatriação dos restos mortais.

A noite inteira Scott, um apaixonado por mapas, seguiu o trajeto de nosso avião no monitor acima de sua cabeça. Todavia, diante de minha declaração, olha para mim sem compreender e pergunta:

— Esta é Roma? Você quer dizer a verdadeira Roma?

Heather e Norm sorriem enquanto eu tranquilizo Scott:

— Sim. A verdadeira Roma. Roma, Itália.

Ele olha em volta, perplexo. Todas as placas estão em italiano. Ele está completamente desorientado.

— Você quer dizer a *verdadeira* Roma? — repete.

— Sim, a verdadeira Roma. Mas não vamos ficar aqui. Vamos de carro direto à Toscana.

Do lado de fora das portas vaivém de vidro dos desembarques internacionais, onde desistimos da cadeira de rodas, Becca, que chegou antes de nós à Itália, nos cumprimenta. Com sua pele cor de azeitona, seus longos cabelos negros e olhos escuros, de cílios longos, ela poderia ser uma nativa, não fosse pelo jeans, pela blusa de moletom com capuz, os tênis e a mochila, que a identificam como uma estudante universitária americana em viagem. Desde o primeiro momento em que ela abraça Scott e pega sua mão, começo a relaxar. Tomamos um elevador e passamos por uma série de escadas rolantes até o escritório da locadora de carros, encontramos nosso carro, carregamos o porta-malas com bagagens e partimos em direção à casa, a duas horas e meia de distância.

"Onde estamos?", pergunta Scott o tempo todo. "Em que país estamos?" Apesar das placas em italiano, dos telhados vermelhos dos povoados, da paisagem característica, ele parece não entender que estamos na Itália, mesmo com todo o tempo em que nos hospedamos aqui ao longo das décadas, a começar pela lua de mel. "A *verdadeira* Itália? A *verdadeira* Toscana?", continua a repetir com surpreendente prazer, como se não pudesse acreditar em sua boa sorte.

Finalmente descobrimos uma estrada estreita que vai dar em um casarão de pedra encarapitado no topo de uma grande montanha. A estrada de terra batida está adornada por uma fileira de acácias de um amarelo vivo em plena florada da primavera.

— Vejam este amarelo! — exclama Scott.

— Sim — diz Heather. — E elas pertencem a nossa vila.

— É mesmo? Elas são nossas? — Ele ri com uma alegria inacreditável. Desde o jardim botânico de Cleveland, onde me beijou pela primeira vez em 1950, debaixo dos galhos esparramados daquela castanheira em Ohio, e pelos famosos jardins botânicos de Miami, Sidney, Honolulu, Tucson e Brooklyn (respectivamente com seus esplêndidos bonsai, jacarandá, abricó-de-macaco, saguaro e cerejeiras florescentes) até as famosas fícus religiosa da Índia, Scott e eu, ardentes entusiastas de árvores, nos deliciamos com diversas árvores e debaixo delas.

Norm estaciona o carro. Enquanto Becca distrai Scott na sala de estar, eu carrego as nossas malas escada acima, onde há duas suítes quase idênticas, com uma cama grande e um banheiro cada, uma para cada casal. No andar de baixo, entre a sala de estar e a cozinha, fica outro pequeno banheiro e um estúdio, onde Becca irá dormir. Da janela de nosso quarto, vejo além da varanda, onde tomaremos nosso café da manhã ao ar livre, uma paisagem suave e distante de colinas verde-primavera desaparecendo gradualmente em todas as direções, onde as ovelhas que produzem os famosos queijos pecorino da província pastam sob o inflexível comando de cães que ladram. Na medida em que capto toda esta tranquilidade, rezo para o deus ateu da sorte, pedindo que nada dê errado.

Depois que desfazemos as malas, caminho em direção ao corredor para bater à porta de Heather e Norm. Quando abro, Heather está soluçando nos braços de Norm.

— O que foi? — grito.

Heather balança a cabeça, as lágrimas rolando de seus olhos.

— O quê?

Envergonhada, ela diz:

— É Scott. E você.

Agora são os meus braços que a envolvem e a consolam. Estou tão acostumada com ele, conosco, que esqueci o quanto parecemos desprotegidos, até mesmo trágicos. Para mim, esta confusão e desorientação são tão antigas que me concentro em seu prazer de viajar novamente.

— Não chore — digo. — Ele não está infeliz. Nem eu. Não entende?

— Sim — diz, fungando. — Eu entendo. É incrível. Mas ainda assim...

Eu lhe falo a respeito de novos livros sobre felicidade que apresentam as boas-novas a respeito da tendência de nossa espécie de se recuperar mais ou menos rápido de acontecimentos traumáticos e voltar ao normal. Falo a respeito dos estudos que esses livros descrevem, mostrando que os incapazes e os doentes crônicos em geral não são menos felizes que quaisquer outros, embora muitas pessoas se recusem a acreditar nisso. Os estudos revelam que a maioria de nós não é muito boa em prever como nos sentiríamos em outras circunstâncias. A maioria de nós diz que preferiria morrer a ficar gravemente prejudicado, embora, quando chega a hora, grande parte dos deficientes aprecie suas vidas e faça todo o possível para preservá-las.

— Não entende? Estamos bem. Estamos na Toscana. Com vocês. O que poderia ser melhor?

* * *

O estado de confusão de Scott nos acompanha por toda parte. Mas, embora continue a duvidar da verdade de onde estamos, logo este experiente viajante está à vontade. Ele mergulha de cabeça na curtição da paisagem, dos povoados e cidades, da arte, da comida, da companhia e especialmente daquelas árvores de um amarelo vivo, que sua extrema falta de memória conserva tão recentes quanto se cada visão fosse a primeira. "Venha aqui, minha querida, quando tiver um minuto. Quero lhe mostrar algo maravilhoso pela janela. Olhe só para aquela árvore amarela. Não é incrível?" Nada, nem o enjoo do carro, nem o cansaço, nem a desorientação impedem seu contínuo prazer. E, de fato, sem nenhuma decisão a tomar, tendo Norm como motorista, Heather e eu como cozinheiras e Becca como acompanhante particular, por que não aproveitar? Sempre que fica impaciente para sair do museu ou do restaurante antes dos outros, ele o expressa encantadoramente, nos incitando a "vamos-embora-ponto-com!" ou, como nunca teria feito antes da queda, prorrompendo em uma sonora canção improvisada, como alguém que bebeu demais:

> Oh querida, oh querida, oh querida
> Quando vamos embora daqui?
> Temo, temo, temo
> Que nunca vamos sair daqui!

Não é que sua antiga personalidade tenha sido suplantada, apenas que uma nova camada, menos inibida e mais impaciente, foi sobreposta. E já que a nova camada é a espalhafatosa, ela é a que requer atenção. Mas para aqueles que como nós o conhecem bem, fica claro que, por debaixo dela,

Scott ainda está lá, instável, porém intacto, o rapaz alto, doce, de olhos azuis que adora — sempre adorou — viajar.

Becca está encantada com ele, como as mulheres sempre estiveram. Mesmo quando era vendedor de gelo, na adolescência, fazendo entregas de manhã cedo em blocos de apartamentos no centro de Cleveland, algumas clientes regularmente esperavam por ele, de penhoar, para levá-lo para a cama.

— Hoje ele me contou que costumava tocar acordeão, mais do que qualquer outra coisa. É verdade? — pergunta Becca, ofegante. Confirmo que quando rapaz ele tocou em uma banda só de acordeonistas que ensaiava todos os sábados na loja de departamentos May Company, na Public Square, em Cleveland.

— Ele é mesmo o mais doce dos homens — sussurra enquanto ele está no banheiro. — Ouviu o que ele disse há um minuto? Estava realmente apertado, mas mesmo assim me perguntou se eu não queria ir ao banheiro primeiro. Ele sempre foi assim?

— Sim, sempre — digo, grata pelo fato de que sua lesão, que fez tantos estragos, deixou intacta sua doçura, mesmo que algumas vezes ele se encha de raiva ou frustração.

Quando sua impaciência ameaça atrapalhar nossos planos, Becca o leva pela mão até um jardim ou ainda a outro café, para sentar e conversar até que estejamos prontos para nos juntarmos a eles. Normalmente ele e eu quase nunca estamos separados. Desde sua queda nunca o vi com tanta frequência tão feliz, tão pouco agitado — o que me faz afirmar que a viagem é um sucesso total.

* * *

Chegamos de volta a Nova York à meia-noite. No dia seguinte, depois de um longo período de sono, Scott acorda dizendo, excitado:

— Esquecemos de trazer para casa uma coisa da Toscana. Uma coisa muito importante.

— Esquecemos? O quê? — pergunto, estarrecida por ele se lembrar de alguma forma da viagem.

— Uma árvore amarela!

Que ele se lembre de termos estado na Toscana já é bastante surpreendente; que se lembre das acácias parece nada menos do que milagroso. Seu olhar de artista trouxe para casa, através de um oceano, ao menos uma imagem vívida em cores vivas. Para mim isso é um divisor de águas, um marco na volta da memória e na recuperação. Mal posso conter a excitação.

Depois que Heather nos manda por e-mail as fotos da viagem, ele não consegue parar de olhar para elas. Coloco uma fotografia de telhados vermelhos, tirada do ponto mais alto do povoado, como descanso de tela em meu computador; então mando imprimir todas as fotos e as monto em um álbum, que imediatamente passa a ser seu livro favorito. Ele o olha indefinidamente, comentando cada fotografia. Poucas semanas mais tarde, olhando para o álbum, exclama:

— Que viagem! Pareço ter saído da concha nessa viagem. Gloriosas fotos! Maravilhosa viagem!

As fotografias desencadeiam outras lembranças de coisas das quais não há fotos, como a corrida para cima e para baixo de Norm pelas colinas, as ovelhas pastando, os cachorros latindo atrás delas.

Com a ajuda e a insistência de Karin, Scott faz dois desenhos em pastel das árvores amarelas, usando as fotografias como inspiração. E por muitos meses, quando vemos Norm e Heather, ele pergunta se um dia podemos todos voltar à Toscana. Sua memória da aventura saltou com sucesso daquela de curto prazo para a de longo prazo, onde agora reside. Será este tremendo avanço resultado da cura normal ao longo do tempo (agora quase dois anos) ou talvez de seu prazer intenso, inesperado, que o tornou inesquecível?

Pouco se sabe acerca de como a informação em nossa memória de curto prazo — como, por exemplo, o nome da pessoa que você acabou de encontrar ou a atmosfera do livro que estava lendo — se converte em memória de longo prazo para ser acessada quando você quiser, seja horas ou anos depois. Uma memória é um conjunto de conexões neurais entre células do cérebro, mas se determinado conjunto de conexões é perenizado, depende sempre de emoções; senão, você não memorizaria para sempre um momento particularmente vergonhoso nem se lembraria do rosto de seu rival mais do que do semblante do garçom que lhe serve.

Às vezes a incapacidade de lembrar uma experiência ocorre porque não pode ser resgatada e às vezes porque não foi adequadamente codificada em primeiro lugar. Experiências mostraram que os traços da memória, que começam como estímulos de fontes externas ao cérebro, são inicialmente codificados no córtex sensorial. Cada repetição da imagem ou do som reforça a complexa rede neural do cérebro até que, depois de suficientes repetição e reestimulação neural, as palavras e imagens se tornam elegíveis ao processo de conversão para as memórias de longo prazo. (Embora, é claro, não para os portadores de demência, cujas repetições incessantes são esquecidas tão logo são pronunciadas.) Se a consolidação da memória de curto prazo em memória de longo prazo não se der rapidamente, os dados simplesmente são perdidos.

O mapeamento da atividade cerebral por meio de avançadas técnicas de imagem estabeleceram que os hipocampos, importantes estruturas dentro dos lobos temporais, são cruciais para o processo de fixação das lembranças, mas não sabemos como eles funcionam. Conduzindo experimentos com lesmas, ratos e macacos, neurocientistas estabeleceram conexões entre a conservação da memória e, variavelmente, certo gene, determinada enzima, padrões de sono no estágio REM, uma trilha molecular e um estado de hábito. Mas a maneira pela qual as lembranças de fato se sedimentam e são armazenadas no cérebro — em que consiste o processo de se tornar eletroquimicamente conectado — permanece um mistério.

De fato, visto que lembranças de diferentes tipos de coisa (cores, números, música, lugares, rostos, nomes, entre muitos outros) são "estocadas" em diferentes áreas específicas do cérebro e podem ser alteradas ao longo do tempo com outras recordações, os conceitos generalizados de memória de longo prazo e memória de curto prazo nada são além de constructos teóricos — bem como o da ainda mais breve memória "imediata" (também chamada "de trabalho" ou "volátil"), que dura apenas um minuto ou dois, como o número de telefone que você acabou de consultar e que desaparece tão logo você o tenha discado. Os cientistas cognitivos divergem no que concerne a quantos sistemas de memória existem e sempre dividem a memória em categorias cada vez mais tênues, incluindo memória sensorial (estímulo dos sentidos), memória processual (de habilidades e hábitos, tais como amarrar os sapatos ou tocar violino), memória semântica (dos fatos que compõem nosso conhecimento geral do mundo em oposição a nossa experiência pessoal deste, tais como o fato de que a Terra gira em torno do Sol ou de que a poluição causa aquecimento global), memória episódica (do que nos aconteceu em determinado tempo e lugar), memória associativa (que pode associar o sabor de uma Madeleine, por exemplo, a uma onda de sentimentos do passado) etc. Basta dizer que as pessoas com lesões de cérebro e outras deficiências neurais quase sempre têm consideráveis dificuldades, muitas vezes incapacitantes, tanto para codificar quanto para recuperar muitos tipos de informações — o que torna ainda mais notável a contínua lembrança de Scott de nossa aventura na Toscana.

Rememorando esta viagem, considerada uma experiência de risco, me surpreendo ao descobrir que também para mim ela não foi menos gratificante do que muitas outras. Com Becca conosco para me substituir, fiz quase tudo o que quis. Também marca uma guinada. Toda viagem pode expandir os horizontes das pessoas, mas esta serviu como exemplo para nós, ampliando os limites do que é possível fazer com o novo Scott, prejudicado, ao menos por ora, com a ajuda dos amigos, da assistência e dos preparativos certos. Seu êxito me encoraja a pensar em seguir em frente, voltando ao promontório quando chegar o verão, apesar dos confortos primitivos — talvez a tempo de, desafiante, celebrar o segundo aniversário desta milagrosa sobrevivência.

Mal tínhamos acabado de nos adaptar ao fato de estar em casa quando, de repente, Karin anuncia que está voltando para o Texas em julho. Lá se vai nossa vangloriada estabilidade.

Essa ruptura não poderia ter chegado em pior hora, porque eu finalmente tinha um contrato de publicação precisamente para este livro e com ele um prazo de entrega. Me joguei de cabeça na procura de uma substituta para Karin, esperando encontrar alguém antes que ela fosse embora. Mas com os alunos em férias de verão, ninguém responde a meus anúncios. No outono, eles estarão lutando por moradia e empregos de meio expediente, mas por ora a última coisa que se passa em suas cabeças é a acomodação para o próximo período letivo. Expando minha base, peço sugestões a todo mundo que conheço e sigo cada uma delas, não importa quão sem perspectiva possam ser. Mas chega o mês de julho, Karin vai embora e eu ainda não tenho qualquer substituta.

Desde que me entreguei a minha ambiciosa e absorvente missão de curar Scott, que me alentou por mais de um ano, as mínimas condições de que agora necessito para manter vivo meu ânimo são:

ser capaz de preparar uma refeição sem interferência constante;
ser capaz de ler sem ser constantemente interrompida;
trabalhar em meu livro todos os dias.

Enquanto eu estiver cuidando dele 24 horas por dia, não tenho nenhuma dessas, nem uma sequer, e logo começo a afundar. Parece que ele sempre consegue me perturbar na cozinha precisamente no momento crucial ou interrompe minha leitura justo no momento em que a cena ou o argumento atinge seu clímax. Aqueles comportamentos que eu podia enfrentar quando tinha cinco horas para me restabelecer todos os dias — ele fazer a mesma pergunta dezenas de vezes, estourar quando tento corrigi-lo, acotovelar pedestres que caminham muito perto, tirar os abajures da tomada em vez de desligar os interruptores, insistir em que estamos em Londres e devemos tentar ir para casa — agora me tiram do sério. Nossa autoafirmação leva a uma luta que começa com a minha irritação ("Quer por favor sair da cozinha enquanto estou cozinhando?") e termina com ele gritando a plenos pulmões ("Está certo! FUI! Você nunca mais vai me ver pelo resto da minha VIDA!", chutando uma mesa ao deixar furioso o recinto). Sei que devo *evitar uma crise antes que ela comece*, mas não posso ser melhor do que sou nem fazer mais do que posso.

Uma noite, depois que semanas cuidando dele sem descanso nos exauriram a ambos ao máximo, durante uma discussão ele de repente berra, agarra meus dois braços, me encosta contra a parede e cospe em meu rosto, me deixando perturbada pelo medo e pela raiva. Violando meu próprio tabu, digo coisas execráveis: ameaço colocá-lo em um asilo. Em resposta, ele apanha uma cadeira como se fosse jogá-la em mim e faço o inconcebível: chamo o 911.

— Ok, agora a polícia vai chegar e te levar embora — digo, em minha fúria.

Enquanto esperamos por eles, penso comigo mesma em quem é escravo e quem é senhor, quem é o ofensor e quem é o ofendido, qual de nós é o mais agressivo e qual o mais patético. O efeito causado pelo que aconteceu imediatamente o acalmou, de maneira que, quando quatro policiais corpulentos, três homens e uma mulher, entraram pela nossa porta adentro, parecíamos um velho casal civilizado vivendo em harmonia.

— Entrem, entrem, entrem — diz o expansivo anfitrião, indicando os sofás. — Como vão esta noite?

Eles estão de pé perto da entrada, inspecionando nosso loft bem-arrumado, confusos.

— Há mais alguém aqui? — pergunta o chefe dos tiras.

— Na-a-a-ão — respondo, como se não soubesse por que eles vieram. Envergonhada por havê-los chamado, de repente me sinto protetora de Scott. Embora esses dias ele sempre me deixe sentindo derrotada, minha força é grande, a dele, pequena.

— Qual parece ser o problema?

Dou uma rápida descrição da LCT de Scott e lhes asseguro que nossa pequena crise passou.

— Sinto muito tê-los incomodado.

Novamente, perplexidade. Eles se reúnem e conferenciam.

— Alguma vez ele foi violento antes de seu... acidente? — pergunta um deles.

— Ah, nunca — digo. — Ele era a personificação da gentileza.

— Então a senhora deveria tentar a hipnose — disse, como se a lesão cerebral fosse um vício a ser deixado, como o fumo.

— Bem, estamos sempre aqui se precisar de nós — diz o chefe dos tiras e anda à frente dos outros gigantes até a porta.

No mesmo minuto em que eles vão embora, Scott esquece que estiveram aqui e vamos para a cama de mãos dadas para assistir a um filme. Juntos, aliviados e por ora salvos.

Agora desesperada por ajuda, deposito minhas esperanças em uma das acompanhantes noturnas ocasionais de Scott, que realmente quer o loft vizinho ao nosso. Ginny, que acabou de se formar pela Universidade de Nova York em cinema, provavelmente é muito jovem e inexperiente demais para dar conta do emprego. Uma coisa é, em uma noite, tomar sorvete e assistir basquete com ele em casa, quando devo estar de volta logo; outra é imaginar maneiras de mantê-lo ocupado por horas a fio fora de casa. Mas quem mais está disponível? Para preparar Ginny para o pior, dou a ela uma cópia de "Técnicas para cuidar e conviver, para cuidadores", lhe empresto *The 36-Hour Day*, recomendo o guia *TBI Survival Guide* (TBIguide.com), um manual de sobrevivência para LCT, e ofereço a ela um período de experiência no emprego.

No primeiro dia, ele sai com ela com bastante boa vontade, mas depois de uma hora eu o ouço gritar no hall. Ele pode passar rapidamente de calmo a agitado, como um piloto campeão de Nascar. No dia seguinte, ela chega com uma hora de atraso. Mais gritos intermitentes. No terceiro dia, não aparece e nunca mais a vejo.

Nosso médico sugere que eu tente profissionais experientes ao invés de estudantes. Embora eu seja cética, dados os fracassos anteriores com enfermeiras enviadas por agências, deposito minhas esperanças em uma amiga da ex-enfermeira de Scott, Grande Bárbara, que tem 15 anos de experiência com pacientes portadores de demência. Mas ela também desiste, depois do segundo dia, saturada com seus gritos e xingamentos. Triste por ter me decepcionado, no dia seguinte ela nos mandou uma orquídea branca (falenopse) com graciosas formas redondas como as dela. Em uma semana, murchou, por causa de minha rega inexperiente e superzelosa.

Conforme as semanas se passam, expectativa após expectativa frustrada, minha vida começa a se desemaranhar. Cada fracasso me impele para mais perto do desespero. *Você deve se permitir um tempo. Uma folga é essencial*, aconselha "Técnicas para cuidar e conviver, para cuidadores", sem dar dicas de como encontrá-la. Fico tão desencorajada que em vários momentos me encontro novamente me debulhando em lágrimas. Scott está perturbado.

— Não chore, querida, vai prejudicar seus olhos — ele diz, tentando me confortar. Mas não posso parar. — Por favor... Por favor. Farei qualquer coisa para ajudá-la a não chorar... O que posso fazer?

Gentilmente acariciando os meus cabelos, ele promete em voz alta não afugentar mais nenhum acompanhante — como se pudesse controlar seu comportamento com uma atitude ou um desejo ou se lembrar o motivo por que estou chorando. A futilidade de suas boas intenções só faz com que nossa situação pareça ainda mais desesperadora.

Na medida em que mergulho cada vez mais fundo no desânimo devido a semanas de cuidados sem fim, começo a me perguntar se finalmente chegou a hora de considerar o até agora inconcebível e procurar um asilo.

Um asilo!

Ao considerar esta opção, de uma só vez invalido a determinação dos últimos dois anos. Mas não importa de que forma eu analise nosso dilema e examine minhas escolhas, continua sendo uma questão de autopreservação. Agora é ele ou eu. Sua vida ou a minha.

— Não posso continuar fazendo isso — começo a dizer a qualquer um que queira ouvir.

— Claro que não pode! — grita Linda. — Vinte e quatro horas por dia, sete dias por semana é totalmente inaceitável. Você precisa ter as suas cinco horas por dia sozinha, no mínimo. Precisa ser capaz de fazer seu trabalho. Senão, como vai conseguir manter vivo seu amor, quanto mais seu ânimo? Ninguém pode continuar fazendo o que você faz.

Heather chama a atenção para o fato de que, se eu desmoronar, Scott também irá.

Polly concorda.

— Você não pode continuar com isso, mamãe. Já fez assim por muito tempo. Sabe que um asilo é afinal inevitável — apenas terá de fazer isso mais cedo do que tarde. Precisa ter sua vida de volta.

Nosso médico (me dando uma caixa de lenços de papel quando me descontrolo completamente em seu consultório, enquanto Scott está calmamente sentado na sala de espera) diz:

— Sei que você tem sido contra isso, mas talvez esteja na hora de pensar em remédios para ele — querendo dizer os antipsicóticos usados em pequenas doses para controlar a agitação nas pessoas idosas portadoras de demência, as mesmas drogas que o superespecialista em neurologia tirou dele quando ele estava em Rusk. Delicadamente, nosso médico me lembra que Scott e eu com frequência falamos a respeito de nossas escolhas para o fim da vida, insistindo em que ser um peso para o outro é uma opção inaceitável.

— Você e eu sabemos como ele se sentia quando sua mente estava intacta. Vocês dois várias vezes deixaram claras para mim as suas vontades. Suas últimas instruções estão bem aqui, em seu prontuário.

A morte — a dele, a minha — de repente parece doce. Em meus ouvidos, continuo a ouvir a resposta de Scott à cândida pergunta do médico da traumatologia sobre se gostaria de ser mantido vivo se não pudesse continuar a viver independente: *Não, acho que não. Não.* Leio todas as palavras duras de nossos testamentos em vida: *Se eu ficar irreversivelmente demente... Recuse todos os tratamentos ou intervenções que não tenham como objetivo apenas o meu conforto.*

No dia seguinte, Scott confirma sua escolha. Conversamos novamente sobre o fato de que todos os acompanhantes de Scott desde Karin desistiram no segundo dia.

— Amo você, meu querido, sabe disso, mas não posso mais fazer isso, é demais para mim — digo a ele, chorosa.

— Concordo. Você não pode. E não quero isso. Sabe disso, não sabe?

— Sei.

— Então o que vai fazer? Colocar-me em um asilo de idosos?

— Conhece outras opções?

— Pegar um revólver e atirar em mim mesmo — seu refrão agitado.

— Você quer dizer que preferiria estar morto a ficar em um asilo?

— Sim.

Estou tão surpresa com sua resposta que pergunto novamente. E de novo ele diz:

— Sim. — Mas dessa vez acrescenta, como um limite: — Não sei como é estar em um asilo.

Poucos minutos depois, eu o ouço gemendo no sofá.

— Qual o problema? Por que está gemendo?

— Porque não tenho futuro.

Apresso-me em confortá-lo, beijando suas mãos, seu rosto, horrorizada por lhe haver transmitido meu desespero.

— Obrigado — ele diz, acariciando minha bochecha. Depois: — É como estar juntos em um bote salva-vidas, não é? Temos que cuidar um do outro.

— Sim.

— Combinado?

— Combinado.

— Negócio fechado?

Apertamos as mãos.

Cada vez mais desesperada, estou disposta a tentar qualquer coisa. Se os remédios o deixarem calmo, estou pronta para usá-los. Visitamos o centro de assistência para adultos próximo a nossa casa, estabelecimento especializado em atividades para os deficientes físicos e cognitivos, sugerido pelo nosso médico, convenientemente situado a apenas três quadras de nosso loft. Comigo ao seu lado, Scott desfruta do tour no estabelecimento e concorda em tentar. Cautelosamente esperançosa novamente, começo o longo processo de petição e enquanto isso também envio requerimentos para dois asilos que me foram recomendados (lembrando a mim mesma que não preciso preenchê-los ainda) — qualquer coisa para me manter dinamicamente buscando uma solução, meu antídoto contra o desespero.

Uma assistente social especialista em idosos, a quem uma amiga recomenda por seu know-how e por sua rede de contatos, me garante que estou errada em considerar desesperadora minha situação; é só uma questão de encontrar a pessoa certa.

— Mas ele afugenta todo mundo que contrato com seus gritos e xingamentos. Todas elas desistem depois do segundo dia.

— Ele não xinga os amigos, não é? Aposto que ele não grita quando está com a família.

É verdade. Quando meus filhos ou amigos se revezam para acompanhar Scott, ele é um cordeiro, não importa se grita comigo e me xinga.

— Então, está vendo? Não é todo mundo. Não, você só tem que ter paciência até encontrar a pessoa certa. Espere até o fim de agosto, quando os estudantes voltam à cidade.

Ela fala dele não como um problema, mas como uma pessoa, que tem gostos, preferências e desejos. Meu alívio e minha gratidão por seu conselho são o bastante para suster minha sanidade e resgatar uma pitada de esperança. Neste tempo morto de calor opressivo, quando não estou livre para escrever e não há qualquer um para contratar, reservo passagens aéreas para o Maine, a tempo do aniversário de dois anos de sua queda, na esperança de que uma mudança de cenário faça as coisas entrarem novamente nos eixos.

OITO

Promontório

Se cuidar de Scott 24 horas por dia era difícil quando estávamos em casa, na cidade, na ilha é impossível. As escadas para a praia são íngremes e bambas demais para a sua segurança. As lamparinas a gás são complicadas demais para ele acender; leva muito tempo para ele chegar ao banheiro externo; ele não consegue transpor os degraus à noite, e durante o dia, quando a margem do promontório está perigosamente cheia de pedras, o único lugar seguro o bastante para ele caminhar é para cima e para baixo ao longo da praia.

Mais uma vez, Heather e Norm vêm em nosso socorro, nos convidando para passar algumas noites no quarto de hóspedes que eles têm no porão. Ao contrário da nossa casa no promontório, a deles tem luz elétrica e um banheiro só para nós, com descarga e chuveiro com água quente. Podemos dormir lá à noite; durante os dias, enquanto eles trabalham em seus computadores (ela escrevendo uma dissertação, ele administrando um escritório em Nova York), podemos caminhar pelo promontório, onde Scott pode gritar e xingar à vontade; não haverá ninguém por perto para ouvir.

Sua desorientação nunca foi tão grande. Na balsa de Portland, ele ficava perguntando quando o barco chegaria à

Europa e agora, ao final do nosso primeiro dia na casa onde todo verão, por vinte anos, ele me visitava várias vezes, acorda de uma soneca e me pergunta:

— Você é minha mãe ou minha esposa?

Estou pasma. Sua mãe morreu há três décadas. Nem durante os dias no hospital ele se revelou tão confuso. Será por que se aproxima a hora do *sundowning*? Por que voltamos à cena do crime? Por que sou mais velha do que ela quando morreu? Por que sou eu quem cuida dele?

— Sua esposa, meu querido. Sou sua esposa. — Mas até certo ponto sua perplexidade faz sentido. Meus cuidados para com ele não são tão diferentes de fazer o papel de mãe com seu bebê. Supervisiono suas refeições e horários, seus remédios e sua higiene, lembrando a ele de escovar os dentes, passar fio dental, se lavar, fazer xixi, se enxugar. Controlo seus horários, marco as consultas médicas e recreações, transporto-o, providencio babás, controlo seus bens, lavo as suas roupas, ajudo-o a se vestir e a tirar a roupa, oriento-o no trânsito, respondo as suas perguntas, interpreto o mundo. Invento formas de estimulá-lo e supervisiono suas atividades. Como uma mãe, me preocupo com ele, disciplino-o, sirvo de escudo para ele, livro-o dos problemas, protejo-o, defendo, conforto e o amo.

— Mas você nunca esteve aqui antes, esteve? — pergunta, confuso.

— Somente em todo verão por quarenta anos.

— Mas não comigo; nunca estivemos juntos neste lugar antes, estivemos?

Será que ele agora pensa que sou sua mãe, que nunca esteve aqui? Como resposta, faço com que sente à grande mesa e narro toda a história de nosso romance na ilha, desde sua primeira visita aqui, em 1984, até agora, 22 anos depois. Ele ouve extasiado, como uma criança ouvindo a estimada história de seu nascimento quando lembro a ele a primeira noite que dormiu nesta casa: depois de um jantar regado a lagosta e comida selvagem, querendo evitar encher minha paciência, decidiu partir na última balsa a aceitar meu convite tardio para passar a noite e me fez correr atrás dele metade da ilha, praticamente implorando para que voltasse para o promontório.

— Eu o segui até o primeiro poste no topo da colina, onde termina a estrada de terra, lembra? Foi demais para mim. Quando chegamos ao topo da colina, eu estava realmente zangada. A única razão pela qual podia imaginar que você queria ir embora em vez de passar a noite é que você tinha um encontro no continente com outra mulher. Se não tivesse dado meia-volta e me seguido até em casa, teria sido o fim.

Ele aperta minha mão e diz:

— Nunca houve outra mulher. Nunca! — Assim como nunca houve, para mim, outro homem, depois que ele voltou para a minha vida.

Eu tinha começado a contar novamente nossa história em uma tentativa de reorientá-lo, mas agora eu a estou contando também para meu próprio bem.

— E na manhã seguinte — continuo — sentamos em um tronco na praia, contemplando o mar, tentando abrir nossos corações, mas você não sabia como, lembra? Em vez de me contar sobre sua vida e seus sentimentos, você me falou de cada montanha que escalou. Você era tão comovente, doce e bonito que eu o amei de qualquer maneira.

Pego sua mão e o conduzo pela casa para assinalar cada benfeitoria que ele fez ao longo dos anos, usando nada mais do que ferramentas manuais e músculos. Mostro uma fotografia sua como um bonito rapaz, que deixo sobre minha escrivaninha, os cartões-postais pregados na parede que ele me enviou da Itália e de Nova York e os presentes que trouxe para mim aqui ao longo dos anos em suas muitas visitas. Pela janela eu lhe mostro os painéis solares no telhado do estúdio que ele uma vez me deu pelo meu aniversário, como parte de seu grande projeto de me ajudar em meu trabalho e o próprio estúdio, que, para assegurar minha privacidade, ele projetara e construíra previamente a partir de um rascunho — onde, há exatamente dois anos antes, ele caíra no chão, mudando as nossas vidas para sempre.

Voltando de meu próprio devaneio, eu o vejo lutar para compreender. Ele pergunta:

— E o que você estaria fazendo agora se eu não tivesse caído?

— Estaria escrevendo no estúdio.

Compreendendo, seu rosto parece solene.

— E o que eu estaria fazendo?

— Você estaria aqui na casa lendo ou do lado de fora, trabalhando em algum projeto.

Ele balança a cabeça.

— Isso tudo é completamente impressionante, porque, embora eu não duvide de que *estive* aqui antes, não me lembro de ter estado aqui uma única vez com *você* — nem mesmo nesta visita de agora, neste minuto. Não é estranho?

— Não, não é estranho, apenas significa que a sua lesão o deixou desorientado.

Ele espalma as mãos com perplexidade.

— Consigo me lembrar da água lambendo a praia, das ondas, do céu ficando cor de laranja, daquela casa ali adiante, do outro lado da enseada, com os janelões; tudo isso é muito familiar. Mas o que me confunde completamente é que você tenha estado aqui comigo. Não me leve a mal. Estou feliz de que esteja aqui, acho isso muito gostoso; sabe disso, não sabe? Mas não consigo me lembrar de você ter estado aqui antes.

— Tenho estado aqui duas vezes ao ano, assim como você.

Então, com uma expressão de dolorosa perplexidade, ele pergunta:

— Se importa se eu perguntar uma coisa?

— Por favor.

— Você é minha mãe ou minha esposa?

Não tendo ele nada o que fazer aqui, nem arte, nem leitura, nem projetos de construção, nem a remoção de arbustos ou a poda, nem madeira para rachar, nem caminhadas nas pedras ou à toa nas piscinas de água salgada, ele está condenado à ociosidade. Em seu tédio e confusão, cresce sua agitação e, juntamente com a dele, a minha. Este promontório, outrora meu santuário de solidão, agora é imprestável para mim. Uma vez que ele não pode ser deixado sozinho, o que quer que esteja fora do limite para ele também está fora do limite para mim, o que exclui tudo o que eu amava aqui: não posso perambular pelas pedras para apanhar ervas comestíveis, não posso descer a enseada para catar conchas, não posso caminhar na água nem checar as maçãs em minha árvore e, o que é pior, não posso pensar, meditar, escrever ou até mesmo ler. Tento dar a ele tarefas simples para cumprir na cozinha, mas com seu nível de concentração reduzido ele rapidamente se cansa delas e os dias são longos.

Por ocasião de meu aniversário, ele tira uma longa soneca pela manhã, me dando o melhor dos presentes: uma hora e meia só para mim. Lendo o manuscrito de uma amiga ao som da música pulsante das ondas, sinto-me novamente eu mesma, em harmonia com tudo o que me rodeia.

Até que ele acorda e é o fim. Quando pergunto se ele quer ter a gentileza de esperar apenas até eu terminar o capítulo, de imediato concorda, mas com sua noção de tempo prejudicada ele imediatamente começa a andar de um lado para outro como um bicho enjaulado, com a ideia fixa de sair da casa.

— Só um pouco mais — imploro. — É meu aniversário, por favor, faça isso por mim. — Mais uma vez, compreensivo como sempre, ele concorda. Sempre consegui ganhar tempo lembrando a ele seu desejo permanente de possibilitar meu trabalho. Mas dessa vez ele não consegue controlar sua impaciência; logo se agita pelo quarto, rosnando, depois gritando:

— Quanto tempo pretende ler? Vai ler o dia todo? E quanto a *mim*? — e ameaça sair da casa sozinho.

— Faça o que quiser! — resmungo, e folheando as páginas vou ao estúdio, determinada a reivindicar mais uns poucos minutos de privacidade, não importa o que aconteça. Deixe-o cair da escada e morrer!

Ele me segue até o banheiro externo, onde para a fim de fazer xixi, mas, incapaz de me deixar fora do alcance de suas vistas, volta, não para casa, mas para o estúdio. Transbordante de elogios, me toma nos braços e promete "se comportar melhor" e por uns poucos minutos deita quieto na cama (que Polly e Andrew, em uma visita anterior, trouxeram para baixo para nós) enquanto acabo de ler o capítulo. Quando paro, a harmonia reina novamente.

Caminhamos até o Spar, o único restaurante da ilha, para almoçar. É um dia claro de verão, de céu azul e ventilado. Comendo mariscos e batatas fritas no deque, observando os barcos a vela, os barcos de pesca e as balsas, estamos completamente felizes. Ele me toma a mão por cima da mesa e diz:

— De todas as mulheres com quem já viajei, você é a melhor companheira. Que sorte a minha por ser casado com você.

Quando saímos do Spar, olha para baixo e diz:

— Droga! Meu cadarço está desamarrado. — Precipito-me para amarrá-lo antes que ele possa colocar em perigo seu equilíbrio instável, ao se curvar, só para achar os cadarços perfeitamente amarrados.

— Ah! Caiu na mentira! — grita divertido, alegre como uma criança. No caminho para casa, paramos para cumprimentar Pammy na agência dos correios, Lorinda no armazém, Nancy na biblioteca, todas espantadas em ver este milagre ambulante fazendo charme. Ele chega a mostrar progresso cognitivo, interpretando corretamente a hora do dia como sendo fim de tarde. Paro, estupefata.

— Como você sabia disso? — pergunto.

— O quê?

— Que é fim de tarde.

— Pelas sombras na calçada, é claro.

Mas no dia seguinte volta o pesadelo. Enquanto estou no banheiro externo, ele sai de casa sozinho. Quando me dou conta de que ele não está em casa, fico desvairada, até deduzir que, uma vez que não há outro lugar aonde possa ir, ele deve ter voltado para a casa de Heather e Norm, e depois fico mortificada pelo fato de estes amigos, que foram tão gentis conosco, terem de largar o que estiverem fazendo para trazê-lo para casa.

Com medo de ir atrás dele caso eu tivesse deduzido de forma incorreta, me posto no deque examinando a praia com o auxílio de binóculos. Depois de algum tempo, localizo três figuras caminhando lentamente na direção do promontório, uma delas recurvada como Scott.

Desde então, devo travar uma luta longa e contínua para impedi-lo de aborrecer nossos anfitriões. A ideia de terem o trabalho interrompido me consterna; ele é responsabilidade minha, não deles. Imploro, ameaço, proíbo; quando insiste em ir lá de qualquer maneira, não tenho escolha a não ser segui-lo escada abaixo e atravessar a praia, tentando convencê-lo a não perturbá-los. Conforme alterno argumentos e pedidos, ele responde jogando pragas e varetas. Incapaz de entender por que eu quero que ele não os perturbe, ameaça me esmurrar no rosto, pisar em meus pés descalços, me derrubar, a menos que eu vá embora. Felizmente, nas condições em que está a maré, a praia é extensa o bastante para me manter a distância.

Não que eu esteja realmente com medo. Lá no fundo, sei que este homem essencialmente gentil, amoroso, nunca iria me machucar, sei que sua raiva se deve a sua condição, não a mim. Mas estou apavorada com o fato de ele ter piorado tanto em nossos poucos dias aqui, fazendo com que pareça com o tipo de homem que ele mais detesta e com o qual mais se envergonharia de parecer se soubesse: um agressor da própria mulher.

Mudando para o suborno, finalmente o acalmo me oferecendo para levá-lo ao armazém do outro lado da ilha para tomar um sorvete de casquinha. Imediatamente ele se esquece de Heather e Norm, mesmo quando passamos pela casa deles.

— Você é a melhor das mães. Cuida tão bem de mim — diz, enquanto subimos com dificuldade a colina, e depois pergunta acanhadamente: — Eu tenho sido um menino levado?

No armazém, lambendo a sua casquinha, ele pergunta novamente:

— Você é minha mãe ou minha esposa?

— Sou sua esposa. Eu me pergunto por que você de repente ficou tão confuso com relação a isso.

— Ah, não se preocupe — diz, altivamente, acenando com uma mão. — É só uma ideia do cérebro.

Ele suspende a mão e começa a cruzar e descruzar o dedo médio sobre o indicador.

— Assim. Eles ficam se movendo para a frente e para trás: mãe e esposa. Apenas uma ideia do cérebro, só isso — explicou, com toda a autoconfiança de qualquer adulto normal, inteligente.

Mary, uma amiga de Heather e Norm, que ao longo dos anos em que fui hóspede do casal também se tornou minha amiga, vai ao promontório para o chá da tarde com Scott e comigo. Às vezes ele nos diverte com ternas e surpreendentes tiradas non sequitur, mas também acontece de ele, incapaz de acompanhar nossa conversa, interromper, dizendo em voz alta: "O que vem depois?" ou "Será que não podemos fazer outra coisa?", deixando tudo em suspenso.

Quando ele vai ao banheiro externo, Mary diz:

— Sempre foi paciente assim? Você tem a paciência de uma santa! — e descarta as minhas objeções enquanto simples modéstia, uma evidência a mais de minha virtude.

Se ao menos ela soubesse! Será que uma santa chama os tiras? Como comparar os momentos em que tenho paciência com aqueles em que estou irritada ou ressentida? Aqueles que me veem de forma tão santificada partem do princípio de que sacrifiquei minha vida por ele, como uma santa sacrifica a dela por Cristo. Mas eu não; não poderia, não faria. Enquanto puder trabalhar e pensar, tenho a minha vida.

Ao longo destes dois anos, me convenci de que a frequente alegação de santidade de fato tem pouco a ver comigo. Mais exatamente de que a virtude, tanto quanto a beleza, está nos olhos de quem vê, para quem o próprio recuo de minha situação (graças a Deus...) exige que ela se afaste categoricamente de mim. Se sou uma santa, então não se pode esperar dela, uma reles mortal como eu, que mesmo em pensamento sacrifique sua liberdade para cuidar de uma pessoa amada portadora de demência (cujo definhamento unidimensional também está nos olhos de quem vê). Se sou uma santa, posso ser descartada como uma exceção, mas se não sou, permaneço uma acusação visível, um desafio, uma ameaça.

— Está tentando ser algum tipo de heroína? — debochou uma pessoa cínica com quem temos relações. — Ou isso é apenas *amor*? — Como se eu estivesse fingindo, como descreve Camus em *A Queda*: "A modéstia me ajudou a brilhar, a humildade a conquistar e a virtude a oprimir." Mas cuidar voluntariamente de Scott, cujo simples fazer constitui meu assim chamado heroísmo, não pode ser fingido.

Quando meus filhos estavam crescendo, lembro de sentir algo parecido em relação aos pais de crianças deficientes, cujo "sacrifício" parecia tão terrível que somente um santo ou herói enfrentaria, mas cuja escolha por fazê-lo (se a isso se pode chamar "escolha") eu agora entendo: é o contrato e o consolo do amor.

Depois que Mary sai, tento ler novamente, mas percebo que é inútil; esgotada, queixo-me com Scott de suas incessantes interrupções. De repente ele se levanta, bate na mesa e, em uma ardorosa demonstração de devoção, protesta veementemente:

— Não é *isso* o que eu quero ou que alguma vez desejei. É tão injusto! Você *precisa* ter tempo para ler. Precisa! Então, abruptamente voltando a ser delicado, acrescenta:

— É tão boa comigo. Faz toda a minha vida valer a pena. Como posso retribuir?

— Não pode me retribuir — respondo, invocando novamente os votos matrimoniais. — De qualquer forma — gracejo — já me pagou... antecipadamente.

— Mas... você está feliz? — assumindo, como sempre fez, a responsabilidade pela minha felicidade.

— Feliz o bastante — tranquilizo-o —, desde que tenha um tempo para ficar sozinha. E você?

— Desde que esteja com meu benzinho.

E aí está o paradoxo de nossa difícil situação. A implacabilidade de suas necessidades e a frustração das minhas são uma só. Nenhum de nós é pecador nem santo.

Lynn e Tim, amigos da ilha, me perguntam se eu posso levar suas filhas pré-adolescentes e os filhos de seus vizinhos para dar uma volta pelo promontório, a fim de mostrar-lhes como encontrar e identificar as ervas comestíveis, algas e moluscos que eu costumava achar aqui em abundância e sobre os quais, há uma década, escrevi um livro. Lynn, outrora terapeuta ocupacional que se especializou em lesão cerebral, se oferece para ficar em casa com Scott enquanto faço o passeio. Quando a previno acerca da agitação de Scott no momento em que estou fora das suas vistas, ela observa que do deque eles poderão nos ver nas pedras.

— Se ele der trabalho, eu berro e você pode voltar.

Ela me dá a boa notícia de que, quando trabalhou com os pacientes com lesão cerebral, aprendeu que a agitação é um sinal de aumento na atividade cerebral. E é verdade que à medida que sua confusão se dissipa e suas reações se intensificam, sua agitação por vezes parece aumentar.

— Não que isso faça dele uma pessoa com quem seja mais fácil de conviver, concordo — ela diz. — Mas é uma melhora. Ele provavelmente entrou em um novo estágio.

Se for verdade, eu me pergunto o que esse próximo estágio irá trazer. Conforme a LCT continua a melhorar e sua prévia demência continua o inevitável declínio descendente, será o próximo estágio melhor ou pior? Como sempre, nada há para fazer a não ser esperar e ver.

Marcamos uma data para o passeio no dia e hora da baixa-mar, logo depois da lua cheia, quando as piscinas de água salgada estão mais visíveis. É assim que, pela primeira vez em três anos, posso novamente colher minhas ervas comestíveis, visitar meu jardim de algas e, de pé em cima de pedras ou rapidamente jogando de lado grande quantidade de algas, descobrir os pequenos caranguejos verdes que as crianças me ajudam a juntar em um balde coberto de areia. Lambiscando algas — a crocante alga *arame* e a picante alface-do-mar — enquanto excursionamos pelo promontório, sinto a idade avançada jorrar de mim no oceano que tudo absorve, até que de repente estou despreocupada e leve.

De volta à casa, salteei os caranguejos para o almoço e também cozinhei lentilhas com *cakile*, laminária, alho, piquei azedinha e uma pitada de vinagre balsâmico. Sirvo-os no deque com uma salada de orache e dente-de-leão, sentindo-me eufórica e completa novamente, como antes do acidente.

Preciso de tão pouco para elevar meu estado de espírito! Alguém para me substituir junto a Scott, a quem ele aceite e em quem eu confie, uma caminhada pela praia, uma refeição que eu possa preparar com imaginação e liberdade e de novo sou eu mesma.

Vamos voltar para Nova York na quinta-feira, Mary irá embora amanhã e Heather e Norm estão organizando um jantar de despedida. Guardei para hoje à noite o pote de pasta de trufas que comprei na Toscana e trouxe para a ilha para dar de presente a eles. Planejamos usá-la no fettuccine desta noite (com lagostas, vieiras e moluscos).

Exatamente quando Heather está prestes a jogar o macarrão na panela com água fervendo, me dou conta de que me esqueci de trazer a pasta de trufas.

— Espere — grito, na hora certa. Deixando Scott a seus cuidados, parto às pressas de South Beach em direção ao promontório.

Com a proximidade do anoitecer, todos deixaram a praia. Os únicos sons que se ouvem são os gritos e o gorjeio das aves marinhas e as ondas batendo na praia. A maré está baixa, a praia é extensa. Corro por ela ligeira, meus pés mal tocando o chão. Atravesso as baixas dunas até o promontório, subo os degraus de nossa casa, pego a pasta de trufas, depois desço as escadas e volto para South Beach, onde corro pela areia — minha primeira corrida do tipo em três anos, desde o verão antes do acidente. Inspiro a maresia pelas narinas abertas, captando os cheiros de iodo, algas marinhas e sal. O céu azul começou a se listrar de rosa, vermelho e verde, todas refletidas na superfície da água. Gaivotas planam e se precipitam nas correntes de ar, um bando de maçaricos-das-rochas voa ao longo dos limites da praia um pouco a minha frente, depois se alçam como um só e dão meia-volta ao mesmo tempo para pousar novamente na praia mais adiante — e de repente me sinto alegre e livre como nunca havia me sentido. Livre como uma criança no verão, livre como uma moça que finalmente saiu de casa, livre como uma mãe cujos filhos foram embora, livre como uma esposa cujo marido está fora em uma conferência, livre como uma pipa que se soltou, livre como um pássaro flutuando ao vento.

Então entro pela porta.

— Aí está você! — exclama Scott, caminhando na minha direção com os braços estendidos. — Finalmente! Estava com medo que tivesse sido sequestrada.

— Viu só? Eu disse que ela voltaria, não disse? — diz Heather, de forma triunfante.

— Sim, disse. Mas não confio em ninguém. Você não pode contar com nada.

Às vezes tento imaginar outros resultados para aquele acidente: se ele tivesse se recuperado o suficiente para ser razoavelmente independente; se tivesse sido capaz de continuar fazendo arte; se tivesse enlouquecido e tivesse de ser trancafiado; se eu o tivesse mandado a um asilo; se tivesse recusado o respirador ou "desligado a tomada"; se tivesse morrido dormindo.

Então ele teria sido cremado, suas cinzas divididas entre sua filha e o oceano ao largo do promontório. E eu teria iniciado outra vida.

Este pensamento me inspira e me atormenta, alternadamente. Não haveria mais escravidão diária, nem mais nenhuma implacável responsabilidade. Mas ao mesmo tempo nenhum lastro, projeto, nem amor. Qual das duas eu seria? Alguém leve como o ar ou pesada como uma lápide? Irrefletidamente livre ou insuportavelmente desolada?

Esqueça — ele está vivo, ele é meu e eu sou dele.

De volta a Nova York, retomo minha busca pela pessoa certa para substituir Karin. Mais dois estudantes tentam, mas nenhum deles pode aguentar o estresse. Desesperada por ajuda nos cuidados 24 horas por dia, inscrevo Scott no centro de assistência para adultos a três quadras da 7ª avenida. É como levar uma criança que teima em não ir ao jardim da infância, só que pior: ele não faz ideia de quem são todas essas pessoas decrépitas ou por que está entre elas. Quando explico que está ali para me dar um descanso de cuidar dele em tempo integral e eu poder trabalhar, ele se apressa em me tranquilizar de que está totalmente a favor, mas, minutos depois de eu partir, esquece tudo e tenta sair, disparando alarmes estridentes todas as vezes que abre a porta. Quando a equipe de funcionários o detém, reage com raiva. Em sua terceira visita ele segura um guarda-chuva, evasivo, e gira a sua volta, atravessando um círculo protetor. Todos os dias em que ele está lá, a diretora liga para a minha casa (onde é mais prudente trabalhar) pedindo para ir buscá-lo. Por insistência dela, todos os dias antes de levá-lo dou a ele uma dose do remédio contra a agitação, prescrito por seu médico, mas isso não ajuda e, quando o período de experiência de duas semanas acaba, sou notificada de que ele "não está se adequando" e não vai ser bem-vindo de volta.

Agora me pergunto se essa experiência ou talvez a medicação pode ter tido efeitos adversos, porque o estranho fenômeno chamado *sundowning*, por tanto tempo sem se manifestar, assoma novamente em nossas vidas. Quando, pela primeira vez, Scott caiu sob seu poder, entendi isso como sendo um aspecto da vida de hospital, onde a obliteração da noite e do dia interfere nos ritmos circadianos do corpo, explicação confirmada pelo desaparecimento dos sintomas depois de sua alta. Mas agora leio que o *sundowning* é também um tormento comum às pessoas portadoras de demência, que experimentam crescentes confusão e agitação no fim da tarde e à noite, quando (de acordo com a Associação de Alzheimer) "eles podem se tornar exigentes, desconfiados, irritados ou desorientados, ver ou ouvir coisas que não estão acontecendo [alucinações] ou acreditar em coisas que não são verdadeiras [delírios]".

Scott agora, todas as tardes, por volta das cinco horas, é atormentado por uma ilusão, quando insiste em dizer que vamos para "casa".

— Mas *estamos* em casa — explico.

— Digo casa para nossa outra casa, lá — diz, apontando pela janela na direção oeste. Esta obsessão o domina diariamente por muitas horas, até o momento em que sentamos para jantar.

— Não pode por favor pegar o carro e me levar para a outra casa? — pergunta, não importando com que frequência eu lhe assegure que não temos outra casa e de que não tenho carro.

— Se você não vai me levar, então vamos andar até lá. *Agora*!

Ninguém sabe o que causa o *sundowning* entre os pacientes com demência, embora não faltem teorias: a diminuição de luz e a extensão das sombras do anoitecer que afetam o relógio interno do corpo, o tumulto de novas atividades domésticas iniciadas nessa hora, o cansaço, a memória física de ir para casa no final do dia. A obsessão particular de Scott por outra casa me lembra um sonho recorrente que tive por muitos anos, um sonho que presumo deva ser primordial, de um espaço amplo, calmo, secreto que se situe atrás de meu quarto, um aposento completamente diferente, que me alivie e me dê conforto. Lembra-me também da alegria de cada criança criando espaços arquitetônicos — debaixo das cobertas, sob uma mesa, em uma caixa de papelão gigante, dentro de uma tenda, em cima de uma árvore — para servir como a própria "outra casa".

Às vezes tento entender sua ilusão ou dissuadi-lo disso.

— De que casa você está falando? Onde é?

— Você sabe, no Washington Boulevard, em frente à escola do outro lado da rua.

— Essa casa! Faz sessenta anos que você morou lá! Sua família se mudou quando você tinha 18 anos. Provavelmente nem existe mais. Além disso, essa casa era em Cleveland. Estamos em Nova York, a centenas de quilômetros de distância. Mesmo se existir, não podemos ir pra lá.

Mas pouco importa quantas provas eu reúna ou com quanta força construa uma justificativa, ele silenciosamente espera que eu acabe, depois lança novamente seu incessante refrão.

Algumas vezes ele tenta me convencer a levá-lo lá; algumas vezes simplesmente se dirige à porta (agora trancada pelo lado de dentro com uma chave que conservo escondida atrás do código de leis de incêndio). Às vezes ele chega a concordar com todas as minhas alegações, como se o entendimento tivesse voltado ("Você está certa, não existe outra casa"), só para retomar sua causa no instante seguinte: "Está quase pronta? Temos de chegar lá o mais rápido possível. Vamos indo."

Eu também experimento várias táticas, da lógica à distração, à autoridade, ao completo silêncio. Mas todas são inúteis até que, por fim, cedo a sua poderosa ilusão, desistindo: "Ok, se insiste, vou te levar até lá depois do jantar", sabendo que, nessa ocasião, ele provavelmente terá esquecido o assunto até as cinco da tarde do dia seguinte, quando vai começar tudo de novo.

Então, tão de repente quanto o bote salva-vidas afundou e se partiu, me afogando, a companhia ideal para Scott vem à tona: Judith Bradford, uma estudante de graduação do programa de administração de artes da Universidade de Nova York, inteligente, calma, culta, afável, alta, esguia, competente e doida pelo emprego. Todas as referências a recomendam entusiasticamente. Quando expresso meu medo de que ela possa ser refinada demais para suportar seus ataques verbais, assume um ar de determinação e diz:

— Experimente. — E eu o faço.

O primeiro dia transcorre melhor do que qualquer um de nós imaginava. O segundo, ela relata, é "ainda mais fácil", e o terceiro é o melhor. Como estudante de administração de artes, ela tem entrada grátis em todos os museus da cidade e planeja levá-lo todos os dias a um diferente. E, de fato, todas as tardes, quando abro a porta para recebê-lo, ele usa uma etiqueta de entrada na jaqueta e um sorriso exuberante nos lábios.

A assistente social estava certa: só precisamos da pessoa certa. Que apareceu na hora certa, pois um grande estudo recente revelou que os medicamentos prescritos para acalmar os idosos em estado de agitação — que eu considerava uma alternativa — nada são além de placebos. Em vez deles, recomendam-se *paciência* e *compreensão*.

Um dia, ele chega correndo a minha escrivaninha para me mostrar um artigo na revista *Duke alumni*, sobre um novo livro, *The Encyclopedia of Duke Basketball* (A Enciclopédia do Basquete Duke), escrito por John Roth.

— Acha que pode conseguir esse livro para mim? — pergunta, em uma demonstração de iniciativa tão notável que eu o encomendo imediatamente.

Dois dias depois o livro chega.

— Obrigado, obrigado, obrigado — fica repetindo enquanto ele mesmo mergulha em suas páginas.

— Olha só isso!

> York, Scotty. O defensor de dois metros de altura do Cleveland Heights, Ohio, Scott York jogou pelo time da universidade por quatro temporadas, de 1948 a 1951, e ganhou medalha nas últimas três. Totalizou 411 pontos em 98 jogos e foi mais valioso dando assistências para as cestas dos companheiros... Enquanto atleta sênior, come-

> çou ao lado de [Dick] Groat e fez uma média de 7,8 pontos no tempo em que também era capitão do time. Uma das maiores assistências naquele ano [1950, o ano do nosso romance!] foi dada a Dayton Allen para os pontos da vitória sobre o time da universidade Tulane no clássico Dixie, entre estados do Sul dos Estados Unidos. Os Blue Devils reagiram (32 pontos atrás do marcador) para empatar o placar, faltando um minuto para terminar o jogo.

Para ele, este registro não é particularmente interessante, mas para mim é algo revelador. *Mais valioso dando assistências para as cestas* me lembra de forma incisiva a qualidade que eu primeiro admirei e que ainda prezo: destituído de ego, defensor do essencial — foi a forma como jogou, amou e viveu.

Diante de um modelo como esse, como posso fazer menos? Por enquanto, aqueles formulários de asilo de idosos, que em meu pânico enviei, relego aos escuros recessos do fundo da gaveta e volto animada ao trabalho.

NOVE

Amor fati

A crise do verão desapareceu das vistas, como o promontório coberto pelo nevoeiro. Quando Scott está fora com Judith e estou escrevendo a seu respeito, meu estado de ânimo é tranquilo, esperançoso, ocasionalmente até mesmo extasiado, apesar da amarga satisfação que às vezes sinto — e a mundos de distância da frustração e irritação que eu sentia quando os cuidados com ele eram constantes e exaustivos. Escrever me leva para fora de meu eu, por vezes sitiado, para o domínio de transe das ondas alfa, onde, como Scott, vivo no momento. Com cinco horas por dia centradas na consolação estética, tenho novamente minha vida, com satisfação bastante para me conduzir, durante o dia inteiro e as noites, de volta ao mundo, não mais alienada. Deste lugar de calma parece não apenas inútil, mas também tacanho, remoer o caos ou desejar que as coisas sejam diferentes do que são.

Quando aquele prático filósofo visionário, Friedrich Nietzsche, propôs seu princípio *amor fati*, amor pelo destino — significando "'ame o seu destino', que é de fato sua vida" —, ele não estava sugerindo que você ame apenas as partes agradáveis. Ele mesmo estava sofrendo de intensas dores físicas à época. Não, abraçar a vida plenamente sig nifica, para ele, aceitar as inevitáveis limitações da vida sem se esconder delas, não importa que destino tenha reservado. "*Amor fati*", ele disse, não é "meramente suportar a necessidade, menos ainda negá-la... mas *amá-la*". Não uma resignação passiva, mas um amplexo ativo. Ele a chamou de sua "fórmula para a grandeza em um ser humano". *Amor fati!* Ame seu destino. Ame o que é.

Meu destino deu uma reviravolta em 22 de julho de 2004. Absurdo teria sido se esconder disso ou eliminar o fato em um passe de mágica, menos ainda resistir a isso ou reclamar, como se pudesse ser revertido por um ato de minha fraca vontade. Nem mesmo é suficiente simplesmente aceitá-lo. Para viver a vida plenamente com minhas limitações preciso lutar, me adaptar, tirar o máximo disso, extrair o máximo que eu puder. Amar isso.

("Isso mesmo! Falou e disse!", grita Scott, sentando-se atrás de mim durante a seção de aplausos no sofá de dois lugares enquanto leio para ele essa passagem na tela do computador.)

— Acredito que o trabalho que você está fazendo agora — diz minha sempre generosa amiga Ann — é o mais importante trabalho que há. O Talmude diz: *salvar uma vida é salvar o mundo*. Eu realmente acredito nisso. O que você fez foi milagroso.

Nenhum milagre, dada a fragilidade e turbulência de sua existência. Mas Ann está certa de que minha vida atual é menos um impedimento para meu trabalho do que a realização deste. As duas faces de minha missão — amor e trabalho — são dois lados da mesma moeda. Cara ou coroa, quase não há momento em que eu não esteja efetivamente pensando nele — *cuidando dele*. Quando adormeço depois de ir para a cama tarde e ficar abraçadinha com ele;

ou quando abro os olhos novamente para o seu brilhante, circular quadro do cosmos, iluminado pelo sol; em minha escrivaninha contando nossa história nos mínimos detalhes; e em todos os momentos em que estamos juntos, brigando ou em harmonia: ele é meu foco.

A prova é que, desde que meus filhos eram pequenos e minha liberdade igualmente restrita, nunca escrevi de maneira tão eficiente. "Na arte, como em tudo o mais, só se pode construir sob uma base resistente", escreveu o grande compositor Igor Stravinsky em *A Poética Musical em Seis Lições*. "Devo ir ainda mais longe: minha liberdade será tanto maior e mais significativa quanto mais estreitamente eu limitar meu campo de ação e mais me cercar de obstáculos. O que quer que diminua a coerção diminui a força. Quanto mais restrições impomos a nós mesmos, mais nos libertamos das cadeias que acorrentam o espírito."

Escrevo nos períodos da manhã; leio à noite; e nos intervalos fico com ele. Dentro dos limites da minha liberdade, tenho o que preciso: uma vida do coração e da mente.

Um sábado, enquanto estou no computador, Scott se senta perto de mim e pergunta:

— Posso falar com você? Tenho uma coisa muito importante para dizer.

— Claro. O que é?

Seu cenho está franzido, a voz insistente enquanto ele começa, hesitante:

— Não sei o que está acontecendo com o mundinho dentro da minha cabeça. Estou perdendo o controle do meu corpo. Estou perturbado. Acho que estou perdendo... Estou *me* perdendo.

Surpresa com este raro momento de exposição da alma, que me soa muito mais como a recuperação de sua identidade do que a perda dela, presto muita atenção.

— Continue — digo, enquanto meus dedos tentam transcrever suas palavras.

— Sinto que estou me esforçando muito além do limite para uma pessoa da minha idade. E vou me chocar contra a parede e não serei capaz de fazer nada.

Seu sofrimento me entristece, embora eu tenha certeza de que, de certa maneira, esta repentina autoconsciência representa um progresso.

— Como o quê, por exemplo?

— Como algumas coisas que eu quero fazer ou coisas na casa que precisam ser feitas. Como hoje à noite, por exemplo. Eu deveria sair para o mundo, no escuro, para ver se consigo encontrar algo que me deixe sábio, que me dê alguma sabedoria.

Sabedoria? É *isso* o que ele busca quando procura a porta?

— Alix, querida, quando sento aqui com você e vejo você seguir em frente muito intuitiva e produtivamente com... com... esta coisa diante de você.

— Meu computador?

— Sim. Vejo que você está no controle de tudo o que está diante de você e em seu cérebro, e eu não tenho mais essa capacidade nem essas alternativas. E não acho que possa fazer muita coisa para melhorar. Temo haver perdido a coragem. Como se eu fosse um velho... e só estou desperdiçando seu tempo e o meu tempo. Sinto que estou a ponto de estragar as coisas entre nós.

— Não se preocupe com isso. Eu te amo. Estamos bem — tranquilizo-o.

— Eu sei que as coisas para você estão boas, mas detesto fazer você passar por tudo isso. — Abruptamente, seu tom muda.

— Posso e devo fazer melhor. Como hoje à noite, por exemplo. Temo piorar as coisas se entrar no quarto. Mas eu deveria ser capaz de ir para a cama e dormir.

Com toda a determinação e força que pode reunir, ele se ergue da cadeira e lentamente sai em direção a nossa cama, exausto pelo esforço de se explicar. Sabendo que ele necessita de minha ajuda, vou atrás, esperando evitar um fracasso.

No dia seguinte ele havia esquecido sua confissão. Mas enquanto estamos de pé na esquina de uma rua esperando para atravessar, pela primeira vez desde a queda ele diz:

— Ok. O sinal fechou. Podemos ir agora — e segura meu cotovelo. Quando ele me conduz para o outro lado, me sinto eufórica, embora saiba que amanhã também este avanço pode ser esquecido e perdido. Mas se aconteceu uma vez, talvez ele seja capaz de fazer isso acontecer novamente.

De fora, no terceiro ano desde o acidente, minha vida se parece muito com a de antes do acidente, embora eu trabalhe menos horas por dia (ou mais, se vocês incluírem as 36 horas extras), e, em vez de terminar as minhas tarefas o mais rapidamente possível, amplio o número delas, levando Scott comigo em uma expedição — ao mercado, à biblioteca, ao médico, ao cabeleireiro, às ocasionais sessões de cinema. Quando saio sozinha à noite — para um de meus seminários mensais ou para uma reunião, recitais de livros e leituras, para uma manifestação política ou para jantar com amigos —, a única diferença de antes é que agora contrato uma acompanhante para Scott e deixo meu celular ligado. Mas vou — de fato, muito menos agora do que sempre fiz, em parte graças ao apoio entusiástico de Scott:

— Quero que você me prometa que vai se divertir com seus amigos, que vai realmente se distrair — ele diz enquanto dou à acompanhante de Scott instruções de última hora. Felizmente para nós, minha vida social sempre foi centrada em minhas amigas mais do que em casais, com Scott feliz por estar em casa assistindo a uma partida de basquete enquanto eu saía. Agora ele assiste com uma acompanhante, instruindo-a a respeito dos aspectos mais magníficos do jogo, e quando não está aflito com minha ausência, desfruta da companhia. Mais uma vez, faço meus exercícios matinais ouvindo as notícias, incursões semanais para comprar na feira ou em Chinatown, organizo jantares de vez em quando, recebo convidados para reuniões e eventos filantrópicos em nosso loft — mas agora na presença de Scott. Dançamos quase com a mesma frequência de antes, embora por menos tempo. Ainda tento terminar de ler os jornais atuais antes que os novos números cheguem, ler a correspondência pouco a pouco, pagar as contas e responder a meus e-mails, embora normalmente depois de ele ter ido dormir.

A vida de Scott me parece drasticamente transformada, mesmo que ele não concorde. Quando pergunto que diferença a queda fez em sua vida, ele diz sem rodeios:

— Não muita.

Será isso devido à "ausência de insight", como o denomina o neurologista, uma questão de déficits cognitivos e inconsciência? Ou será a forma que encontrou para se adaptar? Ele sabe de fato que não faz mais arte, mas diz, por outro lado, que não sente falta disso e que um dia vai começar de novo (talvez ele realmente acredite nisso e talvez seja verdade, mas pode estar dizendo isso só para me agradar). Ainda explora os tesouros da cidade com Judith e tem uma vida social e cultural ativa comigo. No mínimo, é mais rica do que antes da queda, entre as sessões extras de cinema, os concertos gratuitos de música de câmara nas tardes de terça-feira na New School University, interlúdios de música asiática nos fins de semana no museu Rubin perto de nossa casa, matinês de dança aos domingos, no Teatro Joyce, e cada nova produção da minúscula companhia de ópera Amato. Todos eles canalizam arrebatadoras infusões de dopamina diretamente para os lóbulos direitos de nossos cérebros e todos eles a uma distância de caminhada de nosso loft. Pouco importa que ele esqueça o concerto ou a dança no minuto em que acabam; mesmo em cérebros não lesionados, os prazeres sensuais rapidamente se dissipam. Assim como o sabor de um prato requintado ou a qualidade de determinado orgasmo, o som de uma dada performance, por mais arrebatadores que sejam, em geral não vão sobreviver uma semana. Enquanto antes eu guardava bibliotecas inteiras em minha cabeça, hoje posso lembrar apenas vagamente o conteúdo de um livro que li há um mês, mas isso não diminui nem um pouco minha paixão pela leitura.

Não que ele desconheça inteiramente as mudanças pelas quais passou; apenas não as relaciona com sua queda nem as acha trágicas. Sim, às vezes se incomoda com o fato de não poder se vestir sem minha ajuda, sair sozinho, operar o telefone ou lembrar-se da estação do ano, do mês ou do ano, mas não o bastante para estragar seu dia. "Minha memória não é o que costumava ser", ele irá dizer, algumas vezes, como justificativa, ou "O que não sei não pode me machucar" — a bênção da demência. Como qualquer pessoa, ele tem seus altos e baixos. Deitado no sofá, observando os meus movimentos rápidos, o homem que uma vez descreveu sua vida como uma série de desafiadoras escaladas de montanha observa com admiração:

— Não consigo imaginar como é ter um corpo tão robusto.

E de novo:

— Admiro tanto sua aplicação e sua concentração...

Mas às vezes, quando está triste, este mesmo pensamento surge como um lamento:

— Você faz coisas demais e eu nada faço de produtivo.

— Talvez isso seja verdade agora — me apresso em confortá-lo —, mas até cair você tinha uma vida tremendamente produtiva. Olhe em volta deste loft para as obras de arte que fez. Observe este explosivo bronze *Abraço*. E seu grande quadro do cosmos. Você produziu todo um conjunto de trabalhos que têm vida própria, mesmo que pare de fazer mais. Eles existem e vão continuar a existir por muito tempo depois de você. Deveria se orgulhar disso.

Ele aperta minha mão.

— Obrigado, querida. Você acaba de acrescentar um sopro de ar de qualidade a minha bolha. Mas continua sendo uma bolha, só esperando para estourar.

Quando sou eu quem precisa se acalmar, ele também está lá por mim. Uma noite, estávamos sentados em nossa cama assistindo ao Pavarotti em *La Bohème*, no canal de arte. À medida que a ópera chega perto de seu trágico fim e Mimi morre, não consigo parar de chorar, imaginando a morte de Scott, uma morte que cada um de nós por vezes desejou. O que seria pior, pergunto a mim mesma, deixá-lo ou ser deixada? — uma pergunta que continua surgindo como um rude Rumpelstiltskin, uma vez que nos aproximamos do inevitável fim. O histórico de nossa família sugere que irei sobreviver a ele, mas como vou suportar isso? Se ele sobreviver a mim, sem ninguém para cuidar dele, provavelmente irá parar direto em um asilo, o que também é insuportável.

Quando confesso a razão pela qual estou chorando, ele estende seu braço para me confortar, exatamente como sempre fez. Este ateísta vitalício, que sempre zombou da própria menção de uma vida após a morte e não podia se importar menos com o que acontece com os seus restos mortais, agora usa de todos os recursos para me consolar.

— Não se preocupe, querida, não vou te deixar. Arrumarei suas malas e te levarei comigo para o céu. Que cor de asa você gostaria? Asas azuis, asas brancas, asas amarelo-esverdeadas? Qualquer cor e me certificarei de que elas se ajustem perfeitamente. Já investiguei alguns trompetistas, sete, oito, nove, dez trombetas para lhe dar as boas-vindas quando você chegar. Vou lhe oferecer o meu braço, te acompanhar pelos arredores e mostrar todas as paisagens. Com você em meus braços eles não serão capazes de me expulsar. Dirão: "Olhem para esta bela mulher", e nos deixarão ficar. — Ele me entrega um lenço de papel para enxugar os olhos. Então me beija e diz: — Não fique triste. Você me fez muito feliz. Eu não sabia que podia ser tão feliz.

Em seus dias de lucidez, ele decidiu que preferia morrer a viver desse jeito, chegando a escrever isso. Agora, tendo chegado até aqui, ele, ao contrário, com frequência afirma o quanto é um homem de sorte por estar vivo. Não posso duvidar dele, mesmo que algumas vezes fantasie a respeito de sua morte. Ele pode permanecer horas sentado no divã apreciando o mundo fora de nossas janelas: na primavera me chama para testemunhar "o belo e cinzento dia úmido"; no verão, os intrincados entalhes das pedras no edifício do outro lado da rua; no inverno, a "incrivelmente magnífica nevasca"; e em todas as estações os reflexos, em nosso teto, dos para-brisas dos carros iluminados pela luz do sol quando eles passam adiante, na 7ª avenida, criando um show de luzes cambiantes. "Venha rápido! Não faz ideia do show maravilhoso que está perdendo. Não vai durar para sempre, você sabe. Pode sentar em cima de minha barriga para assistir, se quiser. Ah, estou tão feliz!" No Café Rafaella volto do banheiro e o encontro fazendo cara de bobo e puxando as orelhas para um bebê do outro lado do cômodo sempre que está disposta a olhar para ele. Ele não se cansa de olhar as roseiras no jardim público atrás da biblioteca Jefferson ou as orquídeas nas estufas do Jardim Botânico do Brooklin, para onde Judith o leva de metrô.

Quanto a mim, com Judith me permitindo escrever novamente e Scott não mais em perigo de morte, minha ansiedade está acuada. Se por vezes me sinto frustrada, impaciente ou insatisfeita, bem, quem não fica? Com a chegada do mês de maio, quando Judith se gradua, posso ficar outra vez infeliz, mas ao menos por agora estou razoavelmente contente — tanto quanto ele, a sua maneira. Quando pergunto o porquê, ele diz: "É simples. É porque você continua ao meu lado, embora eu seja um idiota" e "Porque tenho tanto tempo sozinho com você".

Passeamos pela vizinhança de mãos dadas — tanto por afeto quanto para nos movermos em meio ao trânsito. Descendo a rua Bleecker, paramos na confeitaria Rocco para tomar cappuccinos descafeinados e pedir um babá ao rum e um prato de míni *cannolis* de chocolate para dividir. Quem se importa se estamos no meio da tarde de uma segunda-feira? Antes eu teria menosprezado semelhante indulgência enquanto violação da disciplina, mas desde que não posso escrever depois das duas da tarde e sei que nossos dias estão contados, fazemos o que nos dá vontade. Enquanto com felicidade limpamos as últimas gotas de espuma de nossos cappuccinos e lambemos o último dos recheios dos *cannolis* de nossos garfos, nós mesmos desenvolvemos um puro arrebatamento septuagenário, ternamente fitando os olhos um no outro para declarar nosso amor. Para escapar à tirania do presente imposta por seu distúrbio, nos entregamos ao prazer de lembrar: que ao longo dos anos terminávamos nossas expedições de compras com um cappuccino, aqui, na confeitaria Rocco, e 450 gramas de merengues de chocolate para levar; que aqui foi onde encomendamos nosso bolo de casamento ("É mesmo?", pergunta, se animando. "Veio daqui?" "Sim", eu digo, mostrando o mesmo bolo no balcão). E depois que saímos, quando atravessamos as quadras a caminho de casa, revisitamos outras cenas de nosso passado. Aqui, o restaurante em que tivemos nosso primeiro jantar, o pequeno parque a que chamamos Praça da Fortuna, depois que aquele sem-teto gritou para Scott:

— Cuidado, ela vai te custar uma fortuna!

Mais adiante, o apartamento no último andar, em que Ann nos deu sua bênção — todos acontecimentos dos quais ele pode se recordar, diferente daqueles que aconteceram ontem. Será que seu prazer irrefreável é função de seus déficits cognitivos ou um transbordamento de amor? Fico com o amor: dadas as opções, por que não *amor fati* e aproveitar o que restou? Conforme descobri pela primeira vez naquele hospital no Havaí, há mais de 12 anos, na balança da realização a dedicação pode pesar mais que a independência.

Se eu for tentada a duvidar disso, só preciso lembrar o pânico de parar o coração que senti daquela vez em que o perdi em Union Square e o encontrei horas depois no hospital todo enfaixado ou mesmo há apenas um mês, quando fugiu de Judith, não uma vez, mas duas — uma no metrô, quando as portas do trem se fecharam sobre ele enquanto ele estava tentando segui-la e de alguma forma (mas como? Nunca saberemos) terminou em uma delegacia de polícia na 183ª West Street; a outra no Metropolitan Museum of Art, que ele costumava chamar de seu "templo" antes da queda. Enquanto Judith e eu, fora de controle, chamávamos a polícia, ele conseguiu achar o caminho de casa de táxi, sem saber que tinha sido dado como desaparecido. Ou ele deixou de pagar o motorista ou foi o beneficiário de sua caridade, já que a nota de vinte dólares dobrada que eu mantinha dentro de sua carteira para emergências ainda estava ali, esquecida e intocada, e os táxis de Nova York nessa época não aceitavam cartões de crédito. Embora eu estivesse louca de ansiedade, quando soube que ele estava a salvo, na verdade fiquei orgulhosa por ele ter conseguido chegar à casa.

Este homem, com quem não se pode mais contar para encontrar o caminho de nosso apartamento do outro lado da rua, antes era infalível quando se tratava de direções. Tinha um compasso interno tão infalível que mesmo de dentro de uma construção desconhecida ele sempre soube que direção tomar. Em cidades estranhas, fosse a pé ou de carro, dominava o mapa em minutos; ao sair de uma construção ou ao entrar em um cruzamento, saberia exatamente em que direção virar. "Como sabe que é este o caminho?" Eu perguntava. "Eu só sei", ele responderia, e invariavelmente estava certo.

Apenas uma vez antes do acidente eu o vi perder o rumo. Foi no Colorado, no final do outono de 1985, logo depois que nosso longo romance de verão ganhou seu segundo fôlego. Havíamos caminhado por horas nas montanhas, onde os choupos se transformavam em ouro vivo e cintilante, quando ficamos tão completamente absorvidos um pelo outro que saímos da trilha. Nas montanhas, saber que direção tomar a qualquer momento não vai ajudar a encontrar o caminho, porque a maior parte das trilhas é de caminhos em zigue-zague, alterando as direções a cada instante. Depois de uma hora ou duas buscando o caminho que nos levaria para baixo, para onde havíamos estacionado o carro, com o sol já se pondo por trás do cume da montanha, ele disse, relutante:

— Não quero alarmá-la, mas temo que, se não o encontrarmos logo, teremos de passar a noite aqui. O que não seria divertido.

A mim me pareceu divertido até que ele listou os perigos — especialmente o de que, sem lanternas, cobertores ou água extra, poderíamos congelar, desidratar e morrer por exposição ao frio. ("Além dos ursos", acrescenta Scott quando leio esta cena para ele.) Lembro de dizer que eu não poderia imaginar uma forma melhor de morrer, começando nossa jornada com uma longa série de comentários, com recorrentes espasmos de alegria, que, se tivéssemos de morrer, ao menos morreríamos juntos e no lugar perfeito para isso, em um glorioso topo da montanha entre os choupos e as ovelhas das montanhas (das quais havíamos visto muitas naquele dia) — quando a trilha que estivemos procurando de repente apareceu diante de nós, e em 15 minutos estávamos de volta ao estacionamento.

"O desfecho correto", escreve o romancista Michael Ondaatje, "é uma porta aberta pela qual você não pode ver muito longe". Sempre que tento imaginar nossa história através dos olhos de Scott, fracasso — ou na melhor das hipóteses faço uma projeção de minha própria história. Mesmo antes de sua queda ele era uma pessoa fechada, cujos pensamentos mais íntimos eu mal podia adivinhar. Muito menos posso saber agora, que sua mente fica geralmente inacessível mesmo a ele. Se tenta me instruir, sempre entende errado. Sem entender o que aconteceu com ele, disfarça. *Que acidente*? Ele pergunta quando lembro desse fato e propõe uma viagem à China.

Mas será que também posso afirmar entender o que realmente aconteceu? *Os incompreensíveis mistérios do cérebro*. Segundo sua versão, está simplesmente envelhecendo; em minha versão, ele está gradualmente melhorando. Nenhuma das duas é completamente verdadeira, mas cada uma delas se agarra ao que precisamos acreditar, sentir o que quer que sintamos, ver o que nos convém ver, dependendo das circunstâncias, do tempo, do nosso humor, de nossa necessidade. Também eu, de certa forma, continuo a inventar nossa história minuto a minuto, por esperança, desespero, angústia, otimismo — e amor.

O amor, segundo Wittgenstein, não é um sentimento, como a dor. "O amor é posto à prova, a dor não. Não se diz: 'Não foi dor de verdade ou não teria passado tão rápido'", como se pode dizer do amor. *Amor não é amor se se altera ao ver alteração*. O amor colocado à prova sobrevive. *Na alegria e na tristeza. Até que a morte nos separe.*

* * *

Estamos arrumando a cama juntos, como fazemos todas as manhãs, quando de repente, enquanto afofa os travesseiros, Scott começa a cantar *Put the Blame on Mame.**

Na noite passada por duas horas assistimos à mulher fatal Rita Hayworth na tela no papel de Gilda no canal Turner Classic Movies e, embora ele não tenha lembrança de ter visto *Gilda* — ou qualquer outro filme desde a sua lesão —, a canção que ele está cantando é o tema musical de Gilda.

Put the blame on Mame, boys
Put the blame on Mame.

Estou estupefata e excitada com este último triunfo da memória. Talvez seja porque a música é armazenada no cérebro em uma parte diferente da dos acontecimentos e narrativas ou talvez ele se lembre da canção de muito tempo atrás. Mas corro em volta da cama e o abraço forte.

Mais tarde, à hora do jantar, quando não consigo achar a espátula na gaveta em que é guardada e pergunto a ele se sabe onde poderia estar, diz:

— Isso, me culpe. Tudo é culpa minha. Mas para variar, por que não tenta pôr a culpa em Mame?

Não apenas ele se lembrou da música, mas também a acrescentou a seu arsenal, tanto quanto Gilda a acrescentou ao dela. E embora eu saiba que Sarah balançaria a cabeça e me acusaria de negação, quero pular e comemorar.

---

* Culpe a Mame, literalmente. (N. da E.)

— Viu? Eu disse que ele está melhorando — digo a Sarah com excitação ao telefone. — E outra coisa. Ele lembra que vamos te visitar em janeiro. Fica perguntando se não deveríamos já estar arrumando as malas.

— Para uma viagem de avião daqui a um mês?

— Eu sei. Seu senso de tempo desapareceu, mas pelo menos ele se lembra de que vamos. Não é notável?

Então confidencio:

— Considero estas últimas façanhas da memória como um sinal de nossa incrível sorte, a mesma que me deu o contrato de meu livro e me mandou Judith exatamente quando eu mais precisava deles.

— Sua incrível *sorte*?

Ao ouvir sua opinião dúbia a respeito da minha sorte, posso praticamente ver o olhar de desdém em seu rosto. Então rapidamente acrescento:

— É claro, não estou levando em conta as partes ruins.

Sarah dá uma gargalhada, depois cai na risada. Entendo o que quis dizer. E logo estamos afogadas no riso, respirando com dificuldade.

— Não levando em conta as partes ruins — ela repete, quase sem ar. — Não tem preço. É perfeito. É tão você.

Não posso senão concordar com ela. O fato é que até mesmo a perspectiva de um asilo, que por muito tempo foi meu maior pesadelo, não mais me assombra tão completamente, não desde que Sarah assinalou que, no mesmo dia em que George ou Scott forem internados, as internas irão fazer fila atrás de qualquer um deles.

Quando conto a Scott esse pensamento, tão reconfortante para mim, ele pega a minha mão e com um brilho maroto em seus olhos azuis me acompanha através da porta aberta.

Notas

3: A MISSÃO

64 **Uma noite, lendo a respeito de dano cerebral traumático:** www.biausa.org/Pages/types_of_brain_injury.html.

5: SUSPENSE

138 **Justamente quando estou no limite:** Nancy L. Mace and Peter V. Rubins, *The 36-Hour Day*, primeira edição revisada e atualizada (Nova York: Warner Books, 2001).

6: PODERIA ACONTECER

163 **"Uma vez lesionado cerebral":** dr. Yehuda Ben-Yishay do departamento de Medicina da New York University, citado em Anemona Hartocollis, "A Central Park Victim Recalls 'When I Was Hurt', and Her Healing", *The New York Times*, June 8, 2006.

7: VIAJANDO

178 **Eu lhe falo a respeito de novos livros:** Darrin M. McMahon, *Felicidade: uma história* (Globo Editora, 2007); Daniel Gilbert, *Stumbling on Happiness* (Nova

York: Knopf, 2006); Jonathan Haidt, *Uma vida que vale a pena* (Rio de Janeiro: Editora Campus, 2006). Depois daquela conversa, o livro de Jennifer Michael Hecht, *O mito da felicidade* (São Paulo: Larousse do Brasil, 2009), também foi publicado.

8: PROMONTÓRIO

209 **Mas agora leio que o *sundowning*:** www.alzla.org/dementia/sundowning.htmlt.

. *AMOR FATI*

215 **"*Amor fati*", ele disse:** Friedrich Nietzsche, *Ecce Homo*, "Por que sou tão sagaz", seção 10.

227 **"O desfecho correto":** Michael Ondaatje, *Coming Through Slaughter*, citado por Pico Iyer em *The New York Review of Books*, June 28, 2007, p. 40.

227 **"O amor é posto à prova":** Ludwig Wittgenstein, *Zettel* (Slips of Paper), ed. por G.E.M. Anscombe e G.H. von Wright (Oxford: Blackwell, 1967).

Conheça mais sobre nossos livros e autores no site
www.objetiva.com.br

Disque-Objetiva: (21) 2233-1388

markgraph

Rua Aguiar Moreira, 386 - Bonsucesso
Tel.: (21) 3868-5802 Fax: (21) 2270-9656
e-mail: markgraph@domain.com.br
Rio de Janeiro - RJ